AI를 이용한 사회과학 연구 방법

AI문고

인공지능 시대입니다. 기계가 인간의 인지를 대신하고, 사물이 인간을 통하지 않고 다른 사물과 직접 커뮤니케이션합니다. 이에 따른 인간 삶과 문명 변화를 정확히 이해·예측·대응하는 것은 이 시대 우리 모두의 과제입니다. AI문고는 인공지능 기술과 환경의 여러 주제를 10가지 키워드로 정리합니다. 관련 개념과 이론, 학계와 산업계의 쟁점, 우리 일상의 변화를 다룹니다. 인간과 기술의 현재, 미래를 세심히 분석합니다.

일러두기

- 인명, 작품명, 저서명, 개념어 등은 한글과 함께 괄호 안에 해당 국가의 원어를 병기했습니다.
- 외래어 표기는 현행 어문규정의 외래어표기법을 따랐습니다. 다만 '딥러닝', '딥마인드', '딥페이크' 등은 관행을 따랐습니다.

처음이세요?

전문가세요?

AI를 이용한 사회과학 연구 방법

이상엽

대한민국, 서울, 커뮤니케이션북스, 2024

AI를 이용한 사회과학 연구 방법

지은이 이상엽
펴낸이 박영률

초판 1쇄 펴낸날 2024년 12월 23일

커뮤니케이션북스(주)
출판 등록 2007년 8월 17일 제313-2007-000166호
02880 서울시 성북구 성북로 5-11
전화(02) 7474 001, 팩스(02) 736 5047
commbooks@commbooks.com
www.commbooks.com

ISBN 979-11-7307-098-3 03500

책값은 뒤표지에 표시되어 있습니다.

차례

AI와 사회과학 연구의 만남

인공지능 기술을 이용해서 사회과학연구를 어떻게 수행할 수 있는지에 대해 설명하기에 앞서 연구와 인공지능 기술에 대해 먼저 간략히 알아보도록 하자.

연구란?

연구(research)란 새로운 지식을 발견하거나 기존 지식을 확장하기 위한 체계적이고 계획된 탐구 활동을 의미한다(Bhattacherjee, 2012). 연구는 과학적 연구 방법론을 사용하여 특정 주제나 현상과 관련된 연구 문제에 대한 답을 찾거나, 가설을 검증하는 과정이다. 사회과학 연구의 주요한 목적은 사회 현상을 이해하고, 사회 문제를 해결하는 것이다(Brancati, 2018). 이러한 목적을 달성하기 위해 사회과학 연구의 결과로 새로운 정책이 제시될 수도 있고, 사회 현상을 이해하는 데 사용될 수 있는 이론이 개발되기도 한다. 사회과학 연구의 주요한 과정은 다음과 같다(Bhattacherjee, 2012)(이러한 과정은 다른 분야의 연구 과정과 크게 다르지 않다).

① 아이디어 도출, ② 연구 문제 또는 가설 도출, ③ 데이터 수집, ④ 데이터 분석, ⑤ 결과 도출 및 해석

① 아이디어 도출
연구의 아이디어를 생성하는 단계다. 연구의 주제를 선정하는 과정이라고도 볼 수 있다. 좋은 아이디어는 좋은 질문에서 시작한다. 좋은 질문은 좋은 연구의 첫걸음이라고 할 수 있다. 질문이 좋지 못하면 아무리 데이터를 잘 수집하고, 분석을 잘하더라도 전체적인 연구의 공헌도나 중요도는 떨어질 수밖에 없다. 좋은 질문을 하기 위해서는 해당 분야와 주제에 대해서 알고 있어야 한다.

② 연구 문제 또는 가설 도출
(좋은) 연구 아이디어를 준비했다고 가정하자. 예를 들어서, "소셜 미디어 사용은 사용자의 사회적 관계에 어떻게 영향을 미칠까?"라는 연구 아이디어가 있다고 가정해보자. 그다음에 해야 하는 작업은 아이디어를 토대로 구체적인 연구 문제 또는 가설을 도출하는 것이다. 연구 문제나 가설을 도출하기 위해서는 이론적 근거가 필요하다(Brancati, 2018). 이론적 근거라는 것은 선행 연구에서 제시하는 연구 문제나 가설을 구성하는 변수들에 대

한 설명 혹은 변수 간의 관계에 대한 설명을 의미한다. 이론적 근거를 찾기 위해서는 유사한 연구 주제에 대한 선행 연구를 찾아보고 검토해야 한다. 이러한 과정을 선행 연구 섬토 혹은 문헌 조사라고 한다(Brancati, 2018). 선행 연구에서 제시하는 이론적 근거를 토대로 연구자가 제시하는 연구 문제나 가설이 어떻게 논리적으로 설명이 되는지, 왜 중요한지를 설명해야 한다.

③ 데이터 수집

그다음은 데이터 수집 단계다. 연구 문세에 대한 답을 찾거나 가설을 검증하는 데 필요한 데이터를 수집하는 것이다. 이 과정에서는 기본적으로 연구 문제나 가설을 구성하고 있는 변수들에 대한 데이터를 수집한다. 예를 들어 '소셜 미디어 사용 빈도와 사용자의 우울한 정도 간에는 어떠한 관계가 있는가?'라는 연구 문제에 대한 답을 찾기 위해서는 기본적으로 연구 문제를 구성하는 변수인 '소셜 미디어 사용 빈도'와 '우울한 정도'에 대한 데이터를 수집해야 하는 것이다. 연구 문제나 가설을 구성하는 변수 이외에도 통제 변수 등에 대한 데이터를 수집하는 것이 필요하다.

④ 데이터 분석

데이터를 수집한 다음에 수행해야 하는 과정은 데이터 분석이다. 어떠한 분석 방법을 사용하는지는 제시된 연구 문제나 가설의 특성과 수집된 데이터의 특성에 따라 달라진다. 사회과학 분야에서는 일반적으로 통계 기반의 분석 방법이 사용된다. 예를 들어 변수 간의 상관관계를 파악하기 위해서는 상관계수를 파악하거나 선형회귀와 같은 회귀분석을 수행할 수 있고, 그룹 간의 평균을 비교하기 위해서는 t 검정이나 분산분석 등의 방법을 사용한다.

⑤ 결과 도출 및 해석

데이터 분석의 결과를 토대로 앞에서 제시한 연구 문제에 대한 답을 찾거나 가설을 검증하게 된다. 그리고 왜 그러한 결과가 나왔는지를 이론적 근거를 토대로 논리적으로 설명해야 한다.

인공지능

인공지능 기술이 발전하면서 이러한 사회과학 연구를 수행하는 데도 인공지능 기술이 사용되기 시작했다. 그렇다면 인공지능 혹은 인공지능 기술은 무엇을 의미하는

가? 인공지능의 명확한 정의가 있는 것은 아니지만, 일반적으로 인공지능이라고 하면 인간의 지능(intelligence)을 모방하거나 인간의 사고 과정을 흉내 내어 문제를 해결하고 학습할 수 있는 컴퓨터 시스템이나 소프트웨어를 의미한다(Ertel, 2018). 구체적으로는 기계가 데이터를 기반으로 학습하고, 추론하며, 의사 결정을 내릴 수 있도록 하는 기술을 포함한다. 대표적인 인공지능 기술과 서비스의 예로는 자율주행 자동차, 번역, 추천 시스템, 챗GPT(ChatGPT)와 같은 챗봇이 있다.

인공지능에서 가장 중요한 역할을 하는 것이 기계 학습(machine learning), 그중에서도 딥러닝(deep learning) 기술이다(Sejnowski, 2020). 기계 학습은 간단하게 말하면 기계, 즉 컴퓨터가 데이터를 학습한다는 것을 의미한다. 좀 더 구체적으로 말하면 데이터에 포함된 여러 가지의 정보 중에서 주어진 문제를 푸는 데 중요한 역할을 하는 정보를 추출하는 것을 의미한다(이상엽, 2023a). 그리고 이러한 학습에 사용되는 도구를 기계 학습 알고리즘(algorithm)이라고 한다. 기계 학습 알고리즘 중에서 신경망(neural networks) 알고리즘을 기반으로 작동하는 것을 일반적으로 딥러닝 알고리즘이라고 한다. 인공지능 분야에서 중요한 역할을 하는 것이 이러한 딥러닝 알고리즘이다.

이러한 딥러닝 알고리즘은 일반적으로 정답이 존재하는 많은 양의 데이터를 이용해서 학습하고, 정답이 없는 새로운 데이터에 적용되어 주어진 문제를 푸는 방식으로 작동한다. 예를 들어 딥러닝 알고리즘을 이용해서 어떠한 사진 속의 동물이 강아지인지 고양이인지를 맞히는 작업을 하고자 할 때에는 먼저 많은 양의 강아지 사진과 고양이 사진을 이용해서 특정 딥러닝 알고리즘을 학습한다. 그 후, 정답이 존재하지 않는 강아지 사진이나 고양이 사진에 학습을 통해 얻어진 딥러닝 알고리즘을 적용하여 주어진 문제를 풀게 된다. 이러한 방식으로 작동하는 대표적인 인공지능 기술이 자율주행 자동차다. 자율주행 자동차가 스스로 운전할 수 있기 위해서는 주변에 있는 사물이 무엇인지 파악하는 것이 중요하다. 이를 위해 센서와 카메라를 이용해서 실시간으로 주변 사진을 찍은 후, 이미 대용량의 데이터를 이용해서 학습된 딥러닝 알고리즘을 적용하여 각 사진에 있는 물체가 무엇이고 얼마나 가까이 있는지 등을 파악해서 스스로 운전을 하게 되는 것이다.

딥러닝 알고리즘을 기반으로 작동하는 또 다른 대표적인 인공지능 기술이 챗GPT와 같은 생성형 AI다(허정

준, 2024). 즉, 사람의 도움 없이도 인공지능이 알아서 글이나 사진 또는 비디오나 음악 등을 생성할 수 있는 것이다. 이러한 생성형 AI도 기본적으로 정답이 존재하는 방대한 양의 데이터를 학습하여 작동한다. 챗GPT는 인터넷 등에 존재하는 많은 양의 텍스트 데이터를 정답 데이터로 학습한다. 일련의 단어들이 주어진 경우, 그다음에 나오는 단어가 무엇인지를 예측하는 식으로 학습이 이뤄진다(이상엽, 2023b).

인공지능을 활용한 사회과학 연구 수행

이러한 인공지능 기술 혹은 딥러닝 알고리즘은 앞에서 살펴본 사회과학 연구 과정 전반에 걸쳐 사용될 수 있다. 챗GPT와 같은 챗봇을 이용해서 연구 아이디어를 도출할 수도 있고, 선행 연구를 검토할 수도 있다. 그리고 선행 연구 검토를 통해 연구 문제나 가설을 제시하고 연구 문제나 가설에 대한 이론적 근거를 마련할 수도 있다. 그뿐만 아니라, 파이선이나 R과 같은 컴퓨터 프로그래밍 언어를 모르더라도 챗GPT 등을 이용해서 직접적으로 데이터 분석을 수행할 수 있다. 기존에는 사람이 직접 분석해야 했던 텍스트, 이미지, 비디오 데이터[텍스트, 이미지, 비디오, 오디오와 같은 형태의 데이터를 비정형 데이터라고 하며, 표(table) 형태로 저장·관리되는 데이터를 정형 데이터라고 한다]를 이제는 딥러닝 알고리즘을 이용해서 분석할 수 있게 되었다. 특히, 인터넷과 소셜 미디어의 사용이 일상화되면서 사회 현상이나 사회 문제 관련된 많은 데이터가 온라인상에 텍스트, 이미지, 비디오, 오디오 형태로 존재하게 되었다. 사회과학 분야에서는 사회 현상 이해와 사회 문제 해결을 위해 이러한 온라인상에 존재하는 사람들이 생성하고 소비하는 비정형 데이터를 분석하는 것이 중요하다. 하지만 이러한 데이터는 그 양이 많고 분석이 어렵기 때문에 사람이 분석하기에는 한계가 존재한다. 딥러닝 알고리즘을 사용하면 많은 양의 데이터를 비교적 정확하게 분석하는 것이 가능하다.

인공지능 기술을 이용하면 사회과학 연구 수행의 효율성을 높일 수 있고, 때에 따라서는 기존의 방법으로는 답할 수 없었던 새로운 연구 문제에 대한 답을 찾을 수도 있다. 본 책에서는 인공지능 기술을 이용해서 사회과학 연구를 수행할 수 있는 다양한 방법에 대해 소개한다. 인공지능 기술은 사회과학 연구를 수행하는 데 훌륭한 도우미의 역할을 수행할 수 있지만, 제대로 사용하지 못하면 오히려 역효과가 발생할 수 있다. 따라서 인공지능 기술을 사용하여 사회과학 연구를 수행할 때 주의해야 하는 점을 기억하는 것이 중요하다. 본 책에서는 인공지능 기술을 이용한 사회과학 연구 수행 방법뿐만 아니라 사용 시 주의해야 할 점도 살펴본다.

참고문헌

이상엽(2023a). 『파이썬 텍스트 마이닝 바이블1』. 위키북스.

이상엽(2023b). 『파이썬 텍스트 마이닝 바이블2』. 위키북스.

허정준(2024). 『LLM을 활용한 실전 AI 애플리케이션 개발』. 책만.

Bhattacherjee, A.(2012). *Social science research: Principles, methods, and practices*. University of South Florida.

Brancati, D.(2018). *Social Scientific Research*. SAGE Publications Ltd.

Ertel, W.(2018). *Introduction to artificial intelligence*. Springer.

Sejnowski, T. J.(2020). The unreasonable effectiveness of deep learning in artificial intelligence. *Proceedings of the National Academy of Sciences*, 117(48), 30033-30038.

01
인공지능을 이용한 사회과학 연구 범위

인공지능의 발달로 인해 사회과학 연구의 다양한 부분에서 인공지능이 사용될 수 있다. 인공지능을 사회과학 연구에서 적용할 수 있는 방법은 크게 두 가지로 구분된다. 하나는 챗GPT와 같은 생성형 거대 언어 모형 기반의 서비스를 이용하는 것이고, 다른 하나는 딥러닝 알고리즘을 이용해서 이미지나 텍스트와 같은 비정형 데이터를 분석하는 것이다. 각 방법의 적용 범위에 대해서 살펴본다.

AI와 1인 창업?

사회과학 연구에서 인공지능이 어떻게 사용될 수 있는지를 살펴보기 위해, 사회과학 연구 과정을 다시 한번 짚어 보도록 하자. 사회과학 연구 과정은 ① 아이디어 도출, ② 연구 문제 또는 가설 도출, ③ 데이터 수집, ④ 데이터 분석, ⑤ 결과 도출 및 해석으로 구분된다. 이러한 사회과학 연구 과정에서 인공지능을 활용하는 것은 크게 두 가지로 구분될 수 있다. 하나는 챗GPT(ChatGPT)와 같은 생성형 거대 언어 모형 기반의 서비스를 이용하여 연구를 진행하는 것이고, 다른 하나는 딥러닝 알고리즘을 이용해 비정형 데이터를 분석하는 것이다.

생성형 거대 언어 모형 기반의 서비스를 활용한 사회과학 연구

챗GPT와 같은 생성형 거대 언어 모형 기반의 서비스는 사회과학 연구 과정 전반에 걸쳐 사용될 수 있다. 그중에서도 특히, 아이디어 도출과 선행 연구 검토, 데이터 분석과 결과 해석 등의 과정에서 유용하게 사용될 수 있다(챗GPT 등을 이용한 연구 수행 시 주의해야 하는 사항에 대해서는 본 책의 10장을 참고하기 바란다). 예를 들어 유튜브 동영상 관련된 어떠한 연구를 수행하고자 하는 경우, 첫 번째로 해야 하는 것은 좋은 연구 아이디어를 준비하는 것이다. 좋은 연구 아이디어를 준비하기 위해서는 충분한 도메인 지식이 있어야 하고 관련 선행 연구 검토가 선행되어야 한다. 하지만 도메인 지식과 선행 연구 검토가 부족한 상황에서도 거대 언어 모형 기반의 서비스를 이용하여 아이디어를 도출할 수 있다. 예를 들어 챗GPT에 다음과 같은 질문을 던질 수 있는 것이다. "내가 지금 유튜브 동영상 관련된 연구를 수행하려고 하는데 관련해서 연구 아이디어를 추천해 줘."

연구 아이니어가 정해진 다음에는 신행 연구 검토 등을 통해 구체적인 연구 문제나 가설을 도출해야 한다. 선행 연구 검토를 위해서도 챗GPT와 같은 거대 언어 모형 기반의 서비스를 사용할 수 있다. 예를 들어 챗GPT에 다음과 같이 입력하여 특정 주제 관련된 선행 연구를 찾아볼 수 있다.

"미디어의 폭력성이 시청자의 정신 건강에 비치는 영향 관련 선행 연구들을 찾아 줘."

관련 선행 연구가 찾아지면, 각 선행 연구를 구체적으로 살펴보는 것이 필요하다. 제일 정확한 방법은 연구자가 해당 논문을 직접 찾아 읽어 보는 것이지만, 시간이 부족한 상황에서는 챗GPT에 논문 내용을 요약해 달라고 할 수 있다. 예를 들어, 선행 연구 검토 요청을 통해

"Effects of media(television) on mental health[미디어(텔레비전)가 정신 건강에 미치는 영향]"[Jahangir, S. F., Nawaz, N., & Khan, N.(2014)., FWU Journal of Social Sciences, 8(1), 97-107]의 논문이 제시되었다면 챗GPT에 다음과 같이 입력하여 해당 논문 내용을 요약해 달라고 부탁할 수 있다.

"다음 논문의 내용을 요약해 줘: Jahangir, S. F., Nawaz, N., & Khan, N.(2014). Effects of media(television) on mental health. FWU Journal of Social Sciences, 8(1), 97-107."

연구 문제나 가설을 도출하기 위해서도 챗GPT에게 도움을 요청할 수 있다. 예를 들어 챗GPT에 다음과 같이 입력할 수 있다.

"유튜브 동영상의 폭력성이 시청자의 정신 건강에 미치는 영향 관련 연구 가설을 도출해 줘."

하지만 챗GPT 등의 거대 언어 모형 기반 서비스가 제시하는 연구 문제나 가설은 그 정확성이나 최신성 등이 보장되지 않는다. 연구 문제나 가설을 도출하는 것은 사회과학 연구에서 무척 중요한 작업이기 때문에 챗GPT 등은 보조 도구로 사용하고 연구자가 직접 선행 연구 검토 결과를 토대로 충분한 이론적 근거가 있는지, 얼마나 중요한지 등을 파악하여 최종적으로 연구 문제 혹은 가설을 제시하는 것이 필요하다.

딥러닝 알고리즘을 이용한 데이터 분석

인공지능을 이용해서 사회과학 연구를 수행하는 두 번째 방법은 딥러닝 알고리즘을 이용해서 비정형 데이터를 분석하는 것이다. 설명을 위해, 선행 연구 검토를 통해 다음과 같은 가설이 도출되었다고 가정하도록 하자.

"폭력적인 유튜브 동영상 시청 정도와 시청자의 우울감에는 양의 관계가 있을 것이다."

가설이 도출된 이후에는 가설에 포함된 변수에 대한 데이터 수집과 데이터 분석을 통해 가설을 검증하는 것이 필요하다. 위의 가설에는 '폭력적인 유튜브 동영상 시청 정도'와 '우울감'이라고 하는 두 개의 변수가 존재한다. 이러한 변수에 대한 데이터 수집이 필요한 것이다. '우울감' 등과 같은 정신 건강 혹은 심리적 특성 관련 변수는 설문을 통해 측정한다. 여기서는 설문을 통해 특정 사람들을 대상으로 '우울감'에 대한 데이터가 수집되어 있다고 가정한다(데이터 수집 관련해서는 인공지능 기술이 적용되기 어렵다. 웹에 있는 데이터를 수집하는 경우에도 챗GPT 등의 거대 언어 모형을 이용해서 직접적으로 데이터를 수집하는 것은 대개 불가능하다. 대신 특정 웹페이지로부터 데이터를 수집하는 데 사용되는 파이선이나 R 코드를 알아볼 수는 있다).

추가로 '폭력적인 유튜브 동영상 시청 정도' 변수에 대한 데이터를 수집하는 것이 필요하다. 이 변수에 대한 데이터 수집 방법은 여러 가지가 있을 수 있겠지만, 여기서는 사람들이 직접 시청한 유튜브 동영상의 폭력성을 측정한다고 가정한다. 이를 위해서는 먼저 연구에 참여한 피험자들이 특정 기간 시청한 유튜브 동영상 목록을 파악하는 것이 필요하다. 동영상 목록이 파악된 이후에는 각 동영상의 폭력성을 측정해야 한다. 동영상의 폭력성을 측정하는 방법에는 크게 두 가지가 존재할 수 있는데, 하나는 연구자가 직접 파악하는 방법이고 다른 하나는 딥러닝 알고리즘을 이용해서 파악하는 방법이다. 하지만 유튜브 동영상은 분석해야 하는 동영상의 수가 많을 수 있고 각 동영상의 길이도 길 수 있어서 사람이 직접 폭력적인 정도를 파악하는 것이 쉽지 않다. 이러한 경우 딥러닝을 이용해서 각 동영상에 대해서 폭력적인 장면이 얼마나 되는지 등을 파악해서 동영상의 폭력성 정도를 측정할 수 있다. 딥러닝을 사용하면 많은 양의 데이터를 비교적 정확하게 분석할 수 있다. 딥러닝을 사용하는 때에는 딥러닝을 이용한 측정 방식의 정확도를 검증하는 과정이 필요하다. 이를 위해서는 일부 무작위로 추출된 동영상에 대해서 사람이 직접 딥러닝 적용 결과의 정확성을 검증하는 방식을 사용할 수 있다.

생성형 거대 언어 모형 기반의 서비스를 활용한 데이터 분석

데이터 수집이 완료된 이후에는 변수 간의 관계를 파악하기 위해, 데이터 분석을 수행해야 한다. 앞의 예에서는 상관관계 분석이나 선형회귀 분석 방법을 적용할 수 있다. 사회과학 분야에서는 이러한 통계 분석을 위해 일반적으로 SPSS, 스테이타(Stata)와 같은 통계 프로그램이나 R 등의 컴퓨터 프로그래밍 언어를 사용해서 연구자가 직접 데이터 분석을 수행한다. 하지만 챗GPT와 같은 생성형 AI의 발달로 인해, 이러한 데이터 분석도 인공지능을 이용해서 수행할 수 있게 되었다. 변수들에 대한 데이터가 저장된 파일이 준비되어 있다면, 그러한 데이터 파일을 챗GPT에 업로드하여 데이터 분석을 수행할 수 있다. 예를 들어 데이터 파일에 'youtube_violence(유튜브_폭력성)'와 'depression(우울)'이라는 변수가 존재하는 경우, 해당 데이터 파일 업로드 후에 챗GPT에 다음과 같이 입력하여 상관관계 분석을 수행할 수 있다.

"youtube_violence와 depression 변수 간의 상관관계를 계산해 줘."

분석 결과가 의미하는 것이 무엇인지에 대해서도 챗GPT에 물어보는 것이 가능하다. 만약 상관관계 분석 결과로 "상관계수 = 0.2, p-value = 0.23"가 도출되면 해당 결과가 무엇을 의미하는지 챗GPT에 물어볼 수 있다.

지금까지 구체적인 예를 통해 인공지능이 사회과학 연구에서 어떻게 사용될 수 있는지 살펴보았다. 다시 한번 정리하면, 인공지능을 이용한 사회과학 연구에서 사용하는 방법은 크게 딥러닝 알고리즘을 이용해서 비정형 데이터를 분석하는 것과 챗GPT와 같은 거대 언어 모형 기반의 서비스를 연구 수행의 보조적인 목적으로 사용하는 것이다. 본 책에서는 먼저 딥러닝 알고리즘을 이용한 비정형 데이터 분석 방법에 대해서 구체적으로 살펴보도록 하겠다.

02
딥러닝 알고리즘의 작동 원리

딥러닝 알고리즘의 구조와 작동 원리에 대해 살펴본다. 딥러닝 알고리즘 또는 챗GPT와 같은 거대 언어 모형 기반 서비스가 사회과학 연구에서 어떻게 적용될 수 있는지를 보다 잘 파악하기 위해서는 딥러닝 알고리즘에 대한 이해가 필요하다. 사회과학 연구에서 사용되는 딥러닝 알고리즘은 대부분 지도 학습 방식으로 사용되기 때문에 본 장에서는 지도 학습 중심으로 딥러닝 알고리즘의 작동 원리에 대해 설명하겠다.

AI와 MBTI?

딥러닝 알고리즘을 이용해서 비정형 데이터를 어떻게 분석할 수 있는지 살펴보기 전에 먼저 딥러닝 알고리즘의 작동 원리에 대해서 살펴보도록 하겠다. 딥러닝 알고리즘은 기계 학습 알고리즘의 한 종류로, 데이터에 존재하는 정보 중에서 주어진 문제를 푸는 데 중요한 역할을 하는 정보를 추출하는 역할을 한다(Prince, 2023).

기계 학습 알고리즘

기계 학습 알고리즘은 작동 방식에 따라 크게 지도 학습, 비지도 학습, 강화 학습 알고리즘으로 구분된다(Alpaydin, 2020). 지도 학습 알고리즘은 정답과 정답을 맞히는 데 필요한 힌트 정보가 모두 있는 데이터를 학습하여 정답과 힌트 간의 관계를 파악하고, 그 결과를 풀고자 하는 문제에 대한 데이터에 적용하여 주어진 문제를 해결하는 식으로 작동하는 알고리즘을 의미한다. 비지도 학습 알고리즘은 관측치의 특성 정보를 담고 있는 데이터에 적용되어 데이터에 존재하는 패턴 혹은 인사이트를 찾는 목적으로 사용된다. 지도 학습 알고리즘이 적용되는 데이터와 달리 데이터에 저장된 정보를 정답과 힌트 정보로 구분하지 않는다. 강화 학습 알고리즘은 어떠한 문제를 풀기 위해서 컴퓨터가 일련의 행동을 여러 번 수행하는데,

각 행동의 결과에 따라 상과 벌을 내려 최종적으로 더 바람직한 결과가 도출되는 방식으로 작동한다.

딥러닝 알고리즘의 구조 및 작동 원리: 지도 학습

딥러닝 알고리즘은 많은 경우 지도 학습 방식으로 작동하기 때문에 여기서는 지도 학습 알고리즘의 작동 원리에 대해 자세하게 살펴보겠다. 컴퓨터가 학습하기 위해서는 학습에 사용되는 데이터가 있어야 하는데, 이러한 데이터를 학습 데이터(training data)라고 한다(Burkov, 2019). 지도 학습에서 사용되는 학습 데이터에는 반드시 정답 정보와 힌트 정보가 모두 포함되어 있어야 한다. 컴퓨터는 학습을 통해 학습 데이터에 존재하는 힌트와 정답 간의 최적의 관계를 파악한다. 그리고 이러한 관계를 파악하는 데 사용되는 도구를 알고리즘이라고 한다. 알고리즘은 간단하게 수학적 모형(또는 수학적 함수)이라고 생각할 수 있다. 즉 지도 학습의 경우, 수학적 모형을 이용해서 학습 데이터에 존재하는 정답과 힌트 간의 관계를 파악하고, 그 결과를 풀고자 하는 문제에 대한 데이터에 적용해서 해당 데이터에 존재하는 힌트 정보를 이용해 정답을 예측하는 식으로 작동한다.

구체적인 예를 들어 보도록 하자. 풀고자 하는 문제가 사람의 직장 경력 정보를 이용하여 연봉을 예측하는 것이라고 가정한다. 이때, 사람의 연봉이 정답이고 직장 경력 정보가 힌트가 된다. 경력 정보를 이용해 연봉을 정확하게 예측하기 위해서는 경력과 연봉 간의 관계를 아는 것이 필요하다. 지도 학습 방식에서 이러한 관계를 파악하기 위해서는 경력 정보와 연봉 정보, 즉 힌트와 정답 정보가 담긴 학습 데이터를 사용한다. 컴퓨터는 이러한 학습 데이터에 존재하는 힌트와 정답 간의 관계를 수학적 모형을 이용해 파악하는데, 이러한 수학적 모형을 기계 학습 알고리즘이라고 하는 것이다. 수학적 모형을 이용해 학습 데이터에 존재하는 힌트와 정답 간의 관계를 파악하는 것을 학습이라고 한다. 일반적으로 힌트는 독립변수로 정답은 종속변수로 표현된다. 즉, 학습을 통해서 독립변수(들)와 종속변수의 관계를 파악해야 하는 것이다. 학습에 사용되는 수학적 모형은 수학적 함수라고 생각할 수 있다. 독립변수가 하나인 경우, $y = b_0 + b_1X$와 같은 1차 함수도 하나의 수학적 모형이 된다. 수학적 모형은 파라미터를 갖는다. $y = b_0 + b_1X$에는 b_0와 b_1 두 개의 파라미터가 존재한다. 수학적 모형에 존재하는 이러한 파라미터는 모형에 의해 설명되는 독립변수(X)

와 종속변수(y) 간의 관계를 정의하는 역할을 한다. 즉, 파라미터가 구체적으로 어떠한 값을 취하느냐에 따라서 X와 y의 관계가 달라지는 것이다. 그러면 우리는 학습을 통해서 파라미터의 어떠한 값을 찾아야 하는가? 파라미터가 취할 수 있는 여러 값 중에서, 우리가 선택한 수학적 모형을 이용해서 학습 데이터에 존재하는 힌트와 정답 간의 관계를 가장 잘 설명하는 파라미터의 값을 찾아야 한다. 이러한 파라미터의 값을 파라미터의 최적값(optimal value)이라고 한다(Alpaydin, 2020).

파라미터의 최적값을 찾는 접근법에는 크게 두 가지가 존재한다. 하나는 설명하는 정도를 최대화하는 파라미터의 값을 찾는 것이고, 다른 하나는 반대로 설명하지 못하는 정도를 최소화하는 파라미터의 값을 찾는 것이다. 기계 학습 분야에서는 보통 후자의 방법을 사용한다.

우리가 선택한 수학적 모형이 학습 데이터를 설명하지 못하는 정도를 함수를 이용해서 표현하는데, 이때 사용되는 함수를 비용 함수(cost function) 또는 손실 함수(loss function)라고 한다(Goodfellow et al., 2016). 비용 함수가 우리의 모형이 데이터를 설명하지 못하는 정도를 나타내기 때문에 우리는 학습을 통해서 비용 함수의 값을 최소로 하는 파라미터의 값을 계산한다. 비용 함수의 값을 최소로 하는 파라미터의 값을 찾는 방법에는 여러 가지가 존재한다. 대표적인 방법으로 경사 하강법(gradient descent), 정규 방정식(normal equation) 방법, 뉴튼-랩슨(Newton-Raphson) 등이 있다(Goodfellow et al., 2016).

학습을 통해 수학적 모형이 갖는 파라미터의 최적값을 계산한 후에는 학습을 통해 도출된 구체적인 파라미터 값을 갖는 모형의 성능을 평가하는 단계를 거친다(Burkov, 2019). 모형의 성능을 평가하기 위해서는 힌트와 정답 정보가 있는, 하지만 학습에 사용되지 않은 데이터를 사용한다. 평가에 사용되는 이러한 데이터를 평가 데이터라고 한다. 평가를 통해 모형의 성능이 괜찮다는 판단이 서면 그다음에 학습을 통해 도출된 모형을 우리가 풀고자 하는 문제에 대한 데이터에 적용하게 된다. 즉 정답 정보가 없는, 하지만 힌트 정보만 있는 각 관측치에 대해서 각 관측치가 갖고 있는 힌트 정보를 학습을 통해 도출된 모형에 대입하여 각 관측치의 정답을 예측하는 것이다.

딥러닝 알고리즘도 수학적 모형의 한 종류다(엄격하게 구분하면 알고리즘과 모형은 구분되는 개념이다. 모형은 알고리즘을 데이터에 적용해 학습한 결과물로 간주된다. 보통 모형과 알고리즘은 크게 구분하지 않고 혼

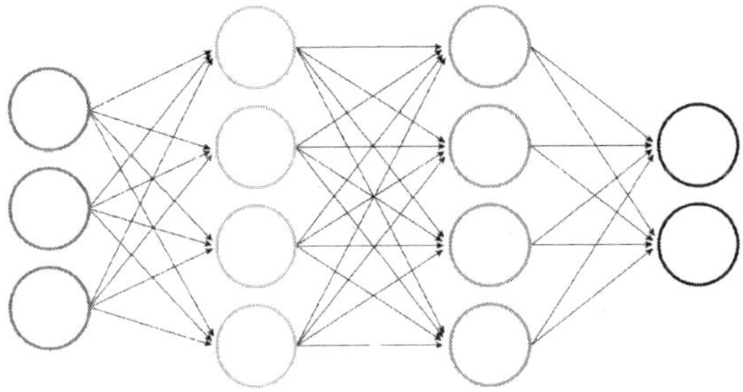

그림 2-1. 신경망 알고리즘의 구조

용하기 때문에 본 책에서도 혼선이 없는 한두 표현을 혼용하도록 한다). 앞에서 살펴본 1차 함수와 마찬가지로 파라미터를 갖고 있으며 힌트와 정답 간의 관계를 파악하기 위해 사용된다. 딥러닝 알고리즘에 존재하는 파라미터도 힌트와 정답 간의 관계를 정의하는 역할을 하며, 학습을 통해 딥러닝 알고리즘이 갖는 파라미터의 최적값을 도출하게 된다(Prince, 2023).

딥러닝 알고리즘은 신경망 알고리즘이라고 하는 또 다른 종류의 기계 학습 알고리즘을 바탕으로 작동한다. 신경망 알고리즘의 일반적인 구조는 그림 2-1과 같다.

하나의 신경망은 세 가지 서로 다른 종류의 층으로 이루어진다. 첫 부분에 있는 층이 입력층이고, 마지막에 있는 층이 출력층이다. 그리고 입력층과 출력층 사이에 있는 층을 은닉층이라고 한다. 입력층과 출력층은 한 개씩만 존재하지만 은닉층은 사용자의 목적에 따라 여러 개 존재할 수 있다. 그림 2-1은 은닉층이 두 개인 신경망을 보여 주고 있다. 은닉층의 개수가 많은 신경망을 다층 신경망이라고 하며, 보통 이를 딥러닝 또는 딥러닝 알고리즘이라고 부른다(Prince, 2023).

각 층은 여러 개의 노드로 구성되어 있다. 그림 2-1에서 동그라미로 표현된 것이 노드다. 입력층에 존재하는 노드를 입력 노드, 은닉층에 존재하는 노드를 은닉 노드, 출력층에 존재하는 노드를 출력 노드라고 한다. 입력 노드는 각 관측치에 대해서 독립변수에 대한 데이터를 입력받아 그다음 층으로 전달하는 역할을 하며, 은닉 노드는 이전 층에서 전달받은 데이터(혹은 정보)에서 종속변수의 값을 맞히는 데 중요한 정보를 추출하여 그다음 층으로 전달한다. 마지막으로 출력 노드는 이전 층에서 전달받은 정보를 이용하여 종속변수 값에 대한 예측치를 출력하는 역할을 수행한다. 서로 다른 층에 존재하는 노드들은 화살표로 연결되는데 이러한 화살표는 하나의 고유한 파라미터를 갖는다. 학습을 통해서 학습 데이터를 가장 잘 설명하는 파라미터의 값을 계산한다. 학습 이후에는 여느 지도 학습 알고리즘과 마찬가지로 평가의 과정을 거치며, 평가 결과가 좋으면 문제에 대한 데이터에 적용되어 주어진 문제를 풀게 된다.

딥러닝 알고리즘의 성능이 일반적인 기계 학습 알고리즘보다 좋은 주요한 이유는 은닉층이 존재하기 때문이며, 각 은닉 노드에는 활성화 함수라고 하는 특정한 함수가 사용되기 때문이다(Prince, 2023). 은닉 노드에 존재하는 활성화 함수는 비선형 형태의 함수로 은닉 노드에 입력된 값을 변환하여 출력하는 역할을 수행한다. 그리고 비선형 형태의 함수를 사용함으로써 독립변수와 종속변수에 존재하는 복잡한 관계를 파악하는 데 적합하며, 이는 데이터에 존재하는 여러 정보 중에서 정답을 맞히는 데 중요한 역할을 하는 정보를 잘 추출할 수 있다는 것을 의미한다.

참고문헌

Alpaydin, E.(2020). *Introduction to machine learning*. MIT press.
Burkov, A.(2019). *The hundred-page machine learning book*. Quebec City, QC, Canada: Andriy Burkov.
Goodfellow, I., et al.(2016). *Deep learning*. MIT press.

Prince, S. J.(2023). *Understanding deep learning.* MIT press.

03
딥러닝 사회과학 연구 방법

딥러닝 알고리즘을 사회과학 연구에서 어떻게 활용할 수 있는지 알아본다. 딥러닝 알고리즘을 사회과학 연구 분야에서 활용할 수 있는 방법은 크게 두 가지로 구분될 수 있다. 첫 번째는 딥러닝 알고리즘을 지도 학습 방식으로 사용해서 종속변수를 예측하는 방식이고, 두 번째는 회귀 분석과 같은 통계 분석에서 사용되는 변수를 측정하거나 생성하기 위해 사용하는 것이다.

AI와 난임 극복?

지도 학습 알고리즘으로 종속변수 예측하기

딥러닝 알고리즘을 사회과학 분야에서 사용하는 첫 번째 방법은 지도 학습 알고리즘으로 종속변수를 직접 예측하는 것이다. 종속변수의 종류에 따라 지도 학습 알고리즘을 이용해서 풀 수 있는 문제는 분류 문제와 회귀 문제로 구분된다. 분류 문제는 종속변수가 범주형 변수인 경우를 의미하고, 회귀 문제는 종속변수가 연속변수인 경우를 의미한다(취하는 값이 무수히 많은 이산변수가 종속변수인 경우도 회귀 문제로 구분될 수 있다)(Burkov, 2019).

분류 문제

먼저 분류 문제의 사례를 살펴보도록 하자. 설명을 위해서 "사람들의 우울 성향에 따라서 인스타그램에 올리는 사진의 특성이 다른가?"라는 연구 문제가 있다고 가정하겠다. 이러한 경우 사람들이 인스타그램에 올린 사진을 우울한 사람들이 올린 사진과 그렇지 않은 사람들이 올린 사진으로 분류해서 특정 사진이 우울한 사람이 올린 것인지 그렇지 않은지를 예측할 수 있다. 학습 데이터를 이용해서 딥러닝 알고리즘을 학습한 후, 그 결과를 정답은 있지만 학습에 사용되지 않은 평가 데이터에 적용해 모형의 성능을 파악한다. 평가 데이터에 대한 모형의 성능이 좋은 경우, 우울한 사람들이 올린 사진과 일반 사람들이 올린 사진의 특성이 다르다는 것을 의미한다. 결과의 통계적인 유의미성을 검증하기 위해서는 부트스트래핑(bootstrapping) 방법과 같은 재표집(resampling) 기반의 시뮬레이션 방법을 사용할 수 있다(Rahman & Majumder, 2013).

두 그룹 간의 차이가 있다는 것이 밝혀진 다음에는 어떠한 차이가 있는지를 위한 추가 분석을 수행할 수 있다. 예를 들어 객체 탐지 알고리즘을 적용해서 각 사진에 존재하는 사물이 다른지, 혹은 얼굴 탐지 알고리즘을 이용해서 사진에 포함된 사람의 표정이 다른지 등을 분석할 수 있다. 예를 들어 우울한 사람들은 우울한 표정의 인물 사진을 더 많이 게시할 수 있는데 이러한 특성을 얼굴 탐지 알고리즘을 이용해서 파악할 수 있다. 그뿐만 아니라 딥러닝 알고리즘을 사용하는 것은 아니지만, 오픈CV (OpenCV, https://opencv.org/)와 같은 프로그램을 사용하면 사진에서 사용된 색상이나, 명도, 채도 등을 파악할 수 있다. 예를 들어, 오픈CV 프로그램을 사용해서 우울한 사람이 어두운 색이 포함된 사진을 더 많이 게시하는지 혹은 흐릿한 색을 포함한 사진을 더 많이 게시하는지 등에 대해 파악하는 것이 가능하다.

회귀 문제

이번에는 지도 학습 방식으로 회귀 문제를 푸는 예를 살펴보자. 설명을 위해 "페이스북 게시글의 내용을 이용해서 사용자의 사회 비교 성향을 예측할 수 있는가?"라는 연구 문제가 있다고 가정한다. 본 연구 문제의 종속변수는 '사회 비교 성향'으로 리커트 척도로 측정할 수도 있고, 1~100 사이의 값을 이용해서 표현할 수도 있다. 이러한 경우 해당 문제를 회귀 문제로 접근할 수 있는데, 이를 위해 독립변수 정보인 페이스북 게시글의 내용을 토대로 사용자의 사회 비교 성향을 예측하는 식으로 문제를 풀 수 있다. 앞에서 설명한 분류 문제와 마찬가지로 정답이 있는 학습 데이터를 이용해 학습한 결과를 평가 데이터에 적용해 모형의 성능이 좋게 나온다면 사람들의 사회 비교 성향에 따라 사람들이 페이스북에 게시한 글의 내용이 다르다는 것을 의미한다. 딥러닝 분야에서는 회귀 문제에 대해 모형의 성능을 R^2 등의 값을 이용해서 파악하게 되는데(Prince, 2023), R^2만을 이용해서는 모형의 설명력이 통계적으로 유의미한지 알 수 없다. 결과의 통계적 유의미성을 파악하기 위해서 회귀 문제에서는 학습된 모형을 통해서 예측된 종속변수 값과 실제 종속변수 값 간의 상관관계 분석을 통해 결과의 통계적 유의미성을 파악할 수 있다(예, Jacobson et al., 2020).

통계 분석에서 사용하기

딥러닝 알고리즘을 사회과학 연구 분야에서 사용하는 두 번째 방법은 회귀분석과 같은 통계 분석에서 사용하는 것이다. 통계 분석에서 딥러닝 알고리즘을 사용하는 방법은 두 가지로 구분된다. 하나는 비정형 데이터의 특성을 나타내는 변수들을 생성하기 위해 사용하는 것이고, 다른 하나는 변수들 간의 관계를 파악하기 위한 회귀모형에서 사용되는 변수를 측정하기 위해 사용하는 것이다.

변수 생성하기

딥러닝 알고리즘을 이용해서 비정형 데이터의 특성을 나타내는 변수들을 생성하는 방법에 대해 먼저 알아보도록 한다. 설명을 위해, "사용자의 우울 성향이 사용자가 인스타그램에 게시한 사진들에 의해서 설명되는가?"라는 연구 문제가 있다고 가정하자. 이러한 경우 연구 문제의 답을 찾기 위해 통계 분석 방법을 사용할 수 있다.

구체적으로, 사진이 우울 성향을 설명하는 정도를 파악하기 위해 서로 다른 두 가지 통계 모형을 사용한다. 첫 번째 통계 모형은 사진의 특성을 나타내는 변수를 포함하지 않은 기본 모형이다. 기본 모형에는 나이, 성별 등의 기본적인 변수들이 포함될 수 있다. 그리고 두 번째 모형은 기본 모형에 사진의 특성을 나타내는 변수를 포함한다. 두 번째 모형의 설명력이 첫 번째 모형의 설명력보다 크고 그 차이가 통계적으로 유의미하다면 사진의 특성이 우울 성향을 설명하는 데 중요한 역할을 한다는 것을 의미한다.

여기서 중요한 것은 사진의 특성을 나타내는 변수들을 어떻게 생성하는지다. 이러한 변수들을 생성하기 위해서 딥러닝 알고리즘을 사용할 수 있다. 딥러닝 알고리즘을 사용해서 각 사진의 특성 정보를 포함한 저차원의 벡터를 생성하고, 이 벡터가 갖는 각 원소의 값을 사진의 특성을 나타내는 변수들의 값으로 사용할 수 있는 것이다. 예를 들어 각 사진을 20차원의 벡터로 표현한다고 하면 사진의 특성을 나타내는 변수가 20개 있다고 생각할 수 있다. 20차원의 벡터가 갖는 첫 번째 원소의 값은 첫 번째 변수의 값이 되고, 두 번째 원소의 값은 두 번째 변수의 값이 된다. 이러한 비정형 데이터의 특성을 나타내는 저차원 벡터를 생성하기 위해서 일반적으로 사전 학습 모형을 사용한다. 사전 학습 모형 이외에도 오토인코더(autoencoder) 등의 알고리즘을 사용할 수 있다. 이미지는 레즈넷(ResNet)(He et al., 2016)이나 비전 트랜스포머(ViT, Vision Transformer)(Dosovitskiy, 2020)와 같은 사전 학습 모형을 사용할 수 있고, 텍스트는 버트(BERT)(Devlin et al., 2018)와 같은 사전 학습 모형을 사용할 수 있다. 사전 학습 모형은 표현 그대로 대용량의 학습 데이터를 이용해서 이미 학습이 되어 있는 모형을 의미한다. 이러한 사전 학습은 텐서플로(https://www.tensorflow.org/) 또는 파이토치(https://pytorch.org/)와 같은 딥러닝 프레임워크나 허깅페이스(https://huggingface.co/) 등의 사이트에서 제공된다.

그리고 첫 번째 모형과 두 번째 모형의 설명력의 차이는 F 검정이나 우도비(likelihood ratio) 검정 방법 등을 사용해서 파악할 수 있다(Millar, 2011). 해당 검정 결과의 p-값(p-value)이 0.05보다 작다면 두 번째 모형의 설명력이 통계적으로 유의미하게 첫 번째 모형의 설명력보다 좋다는 것을 의미하고, 이는 사진의 특성이 사용자의 우울 성향을 설명하는 데 중요한 역할을 한다는 것을 나타낸다.

변수 측정하기

통계 분석에서 딥러닝 알고리즘을 사용하는 두 번째 방법은 변수들 간의 관계를 파악하기 위한 회귀 모형에 포함된 변수를 측정하는 것이다. 예를 들어 "사람들의 사회 비교 성향에 따라서 인스타그램에 올리는 인물 사진의 비중이 다른가?"라는 연구 문제가 있을 때, 변수들 간의 관계를 파악하기 위해서 "인물 사진 비중=b0 +b1 · 사회 비교 성향 + b2 · 나이 + b3 · 성별 + e"와 같은 회귀 모형을 사용할 수 있다. 이러한 경우 인물 사진의 비중을 측정하기 위해서 얼굴 탐지 혹은 객체 탐지와 같은 딥러닝 알고리즘을 사용하는 것이 가능하다. 딥러닝 알고리즘으로 변수의 값을 측정한 후, 적절한 회귀분석 방법[위의 경우에는 분수형 로짓(Fractional Logit) 또는 베타 회귀 모형]을 적용하여 변수 간의 관계를 파악한다.

참고문헌

Burkov, A.(2019). *The hundred-page machine learning book.* Quebec City, QC, Canada: Andriy Burkov.

Devlin et al.(2018). Bert: Pre-training of deep bidirectional transformers for language understanding. arXiv preprint arXiv:1810.04805.

Dosovitskiy, A.(2020). An image is worth 16x16 words:

Transformers for image recognition at scale. arXiv preprint arXiv:2010.11929.

He, K., et al.(2016). Deep residual learning for image recognition. In Proceedings of the IEEE conference on computer vision and pattern recognition, pp.770-778.

Jacobson, N. C., et al.(2020). Digital biomarkers of social anxiety severity: digital phenotyping using passive smartphone sensors. *Journal of medical Internet research*, 22(5), e16875.

Millar, R. B.(2011). *Maximum likelihood estimation and inference: with examples in R, SAS and ADMB*. John Wiley & Sons.

Prince, S. J.(2023). *Understanding deep learning*. MIT press.

Rahman, M. S. & Majumder, A. K.(2013). *Use of Bootstrapping in Hypothesis Testing: Bootstrapping for Estimation and Hypothesis Testing*. LAP LAMBERT Academic Publishing.

04
딥러닝 텍스트 분석

딥러닝 알고리즘은 텍스트나 이미지와 같은 비정형 데이터를 분석하는 데 효과적이다. 본 장에서는 사회과학 연구 분야에서 많이 사용되는 텍스트 데이터를 딥러닝 알고리즘을 이용해서 분석할 수 있는 방법에 대해 설명한다. 딥러닝 알고리즘은 많은 경우, 사전 학습 모형의 형태로 사회과학 연구 분야에서 사용된다. 텍스트 분석에서 사용되는 주요 사전 학습 모형에 대해 살펴본다.

AI와 사주?

딥러닝을 이용한 텍스트 분석에 대해서 살펴보도록 하겠다. 텍스트 분석은 텍스트 마이닝이라고도 불린다. 텍스트 분석의 주요한 목적은 텍스트 데이터에 존재하는 여러 정보 중에서 정답을 맞히는 데 중요한 역할을 하는 정보 혹은 인사이트를 추출하는 것이다[텍스트 분석과 유사한 표현으로 자연어 처리(natural language processing)라는 표현이 있다. 자연어는 컴퓨터의 관점에서 사람이 사용하는 언어를 의미한다. 자연어 처리의 주요한 목적은 컴퓨터 관점에서 자연어를 이해하고 생성하는 것이다. 자연어 처리를 위한 기술이 텍스트 분석의 목적으로 사용되기도 한다].

텍스트 분석의 일반적인 과정은 다음과 같다(이상엽, 2023a).

① 문제 정의, ② 텍스트 데이터 수집, ③ 전처리, ④ 분석

인터넷에 존재하는 텍스트 데이터를 수집하고자 할 때는 웹 스크래핑(scraping) 방법을 사용한다(이상엽, 2023a). 전처리는 수집한 원시(raw) 형태의 텍스트 데이터를 분석에 적합한 형태로 변환하는 과정을 의미한다. 원시 형태의 텍스트 데이터를 직접 분석할 때에는 분석 결과의 정확도가 떨어지게 된다.

텍스트 분석 방법은 크게 두 가지로 구분된다. 하나는 기계 학습 알고리즘을 사용하지 않는 방법이고 다른 하나는 기계 학습(또는 딥러닝) 알고리즘 기반의 방법이다(Hovy, 2020). 기계 학습 알고리즘을 사용하지 않는 방법으로는 빈도 분석과 텍스트 네트워크 분석 방법[시맨틱 네트워크 분석(Semantic network analysis)이라고도 불린다] 등이 있다. 빈도 분석은 분석하고자 하는 텍스트 데이터에서 사용된 주요 단어들의 빈도를 파악하는 것이다. 일반적으로 별 의미가 없는 단어들을 제거한 후 명사 단어들에 대한 빈도를 파악하여 주제와 관련이 높은 핵심어(keywords)가 무엇인지를 파악하기 위한 목적으로 사용된다. 텍스트 네트워크 분석은 텍스트 데이터에서 사용된 주요 단어들의 관계를 파악하기 위해 사용된다(Paranyushkin, 2019).

기계 학습 알고리즘(혹은 딥러닝 알고리즘)을 사용한 방법에는 문서 분류, 토픽 모델링, 단어 또는 문서 임베딩(embedding), 군집화 등이 있다. 여기서는 일반적으로 많이 사용되는 문서 분류 중심으로 설명하도록 한다.

문서 분류

문서 분류는 분석하고자 하는 텍스트 데이터에 존재하

는 각 문서[문서(document)는 텍스트 데이터를 구성하는 기본 단위다. 문서의 예로는 신문 기사, 댓글, 블로그 글 등이 있다]를 그 특성에 따라서 특정 그룹으로 분류하는 것을 의미한다. 대표적인 예가 감성 분석(sentiment analysis)이다(감정 분석 또는 오피니언 마이닝이라고도 한다). 감성 분석은 문서를 긍정 또는 부정의 문서로 분류할 때 사용되는 분석 방법이다. 정치 분야에서는 특정한 주제에 대한 기사를 작성한 신문사의 정치 성향이 보수인지 진보인지를 구분하기 위해서도 문서 분류 분석 방법을 사용한다. 기계 학습을 이용한 문서 분류 작업은 지도 학습 방식으로 작동한다. 그렇기 때문에 정답이 존재하는 학습 데이터를 준비하는 것이 필요하다. 예를 들어, 영화평의 긍 · 부정을 구분하는 작업을 하고자 하는 때에는 긍정과 부정으로 분류된 문서들로 구성된 텍스트 데이터가 있어야 하는 것이다. 긍정과 부정의 영화평 데이터를 학습 데이터로 사용하는 경우, 학습 데이터의 예는 표 4-1과 같다.

학습 데이터에는 이러한 긍정과 부정의 문서로 분류된 많은 문서가 존재한다. 우리는 기계 학습 알고리즘을 이용해서 각 문서에서 사용된 단어와 정답 간의 관계를 파악한다. 즉, 특정 단어가 사용되는 횟수가 1만큼 증가

영화평	정답
이 영화 무척 재밌네. 또 보고 싶어요.	긍정
영화 보다가 졸기는 처음이에요. 너무 지루했습니다.	부정
…	…

표 4-1. 학습 데이터의 예

할 때 해당 문서의 긍정(혹은 부정)일 확률이 어떻게 되는가에 대한 정보를 파악하는 것이다. 학습을 통해 단어와 정답 간의 관계를 파악한 후, 평가의 과정을 거쳐 정답 정보가 없는 새로운 문서들에 대해서 학습을 통해 도출된 기계 학습 알고리즘을 적용하여 정답을 예측한다.

딥러닝 알고리즘이 사용되기 이전에는 문서 분류를 위해서 로지스틱 회귀 모형과 나이브 베이즈와 같은 전통적인 기계 학습 알고리즘이 사용되었으나, 딥러닝 알고리즘이 발전한 이후에는 주로 딥러닝 알고리즘이 사용된다. 딥러닝 알고리즘이 전통적인 기계 학습 알고리즘보다 성능이 좋은 이유는 문서에서 어떠한 단어가 얼마만큼 사용되었는지에 대한 정보만을 이용해서 정답을 예측하는 전통적인 기계 학습 알고리즘과 달리 딥러닝 알고리즘은 단어의 사용 빈도뿐만 아니라 단어가 사용된 순서 정보와 단어 간의 관계 정보를 사용하기 때문이다(이상엽, 2023b). 예를 들어, "The movie was not fun. It was bad(그 영화는 재미없었어요. 별로였어요.)"라는 영화평이 있다고 가정하자. 여기서는 단순히 'not', 'fun', 'bad' 등의 단어 빈도나 출현 여부보다는 해당 단어들이 어떠한 순서로 혹은 어떠한 관계를 갖고 사용되었는지에 대한 정보를 고려하면 해당 영화평의 긍 · 부정을 보다 정확하게 파악할 수 있다.

문서 분류에 사용되는 주요한 딥러닝 알고리즘으로는 순환신경망 기반의 알고리즘과 트랜스포머(Transformer) 기반의 알고리즘들이 있다. 순환신경망 기반의 알고리즘으로는 기본 RNN(Recurrent Neural Network), LSTM(Long Short-Term Memory), GRU(Gated Recurrent Units) 등이 있다. 트랜스포머 알고리즘은 구글에서 2017년에 제안한 알고리즘으로 어텐션(Attention)이라고 하는 또 다른 알고리즘을 기반으로 작동한다(Vaswani et al., 2017). 트랜스포머 알고리즘은 번역에서 사용되는 인코더-디코더(encoder-decoder) 모형이다. 즉, 인코더와 디코더로 구성되어 있다. '나는 학생입니다'라는 한글 문장을 'I am a student'라는 영어 문장으로 번역하는 경우를 생각해 보자. 인코더는 '나는 학생입니다'라는 한글 문장을 입력받고, 어텐션 알고리즘을 기반으로 해당 문장의 중요한 특성을 추출하여 숫자로 표현하고 이러한 숫자를 디코더로 보낸다. 디코더는 한글 문장에 대한 이러한 숫자 정보를 입력받아 영어 문장을 생성하는 역할을 수행한다.

트랜스포머 이후에 트랜스포머를 기반으로 한 많은 알고리즘이 소개되었다. 일부의 알고리즘은 트랜스포머의 인코더 부분을 기반으로 하며, 일부는 디코더 부분을, 일부는 인코더와 디코너를 모두 사용한다. 인코더 부분을 기반으로 하는 대표적인 알고리즘이 구글에서 발표한 버트(BERT)(Devlin et al., 2018)다. 디코더를 기반으로 한 대표적인 알고리즘이 오픈AI(OpenAI)에서 발표한 GPT(Radford et al., 2018)다. 챗GPT가 GPT 계열의 알고리즘을 기반으로 작동한다. 인코더와 디코더를 모두 사용하는 알고리즘으로는 구글에서 발표한 T5(Raffel et al., 2020) 등이 있다.

일반적으로 문서 분류 작업에는 트랜스포머의 인코더를 기반으로 하는 버트 계열의 알고리즘의 성능이 더 좋은 것으로 알려져 있다(Mottesi, 2024). 디코더 기반의 알고리즘들도 문서 분류 목적으로 사용될 수는 있지만 텍스트 생성의 목적으로 더 많이 사용된다.

버트 사용의 예

버트 등 트랜스포머 기반의 알고리즘들은 일반적으로 사전 학습 모형(pre-trained models)의 형태로 제공된다. 버트는 구글에서 준비한 토론토 북코퍼스(Toronto Books-Corpus)(800M words)와 영어 위키피디아(Wikipedia)(2,500M words) 데이터를 이용해서 사전 학습이 되어 있다(Devlin et al., 2018). 사전 학습이 되어 있기 때문에 사전 학습 모형은 모형이 갖는 파라미터의 최적값이 존재한다. 하지만 이러한 파라미터의 최적값은 사전 학습 시 적용되었던 작업(task)에 최적화된 값이다.

이러한 사전 학습 모형을 사용하는 데에는 크게 두 가지 방법이 존재한다. 하나는 미세조정(fine-tuning) 방법이고 다른 하나는 특성 기반(feature-based) 방법이다(이상엽, 2023b). 미세조정 방법은 사전 학습 모형을 그대로 사용하지 않고, 연구자가 풀고자 하는 문제와 관련된 추가적인 학습 데이터를 이용하여 사전 학습 모형이 갖는 파라미터의 값을 추가로 업데이트하는 것이다. 이때 업데이트되는 정도가 크지 않기 때문에 '미세조정'이라고 표현한다. 예를 들어, 사전 학습 버트 모형을 이용해서 영화평 긍·부정 분석을 수행하고자 하는 경우에는 긍정과 부정의 영화평들로 구성된 학습 데이터를 준비하고 사전 학습 버트 모형을 해당 학습 데이터에 적용하여 추가 학습을 수행한다. 이후, 평가의 과정을 거쳐 주어진 문제를 풀게 된다. 사전 학습 버트 모형은 허깅페이스 사이트에서 다운로드받아 사용할 수 있다.

특성 기반 방법은 사전 학습을 이용해서 분석하고자 하는 텍스트 데이터를 구성하는 각 문서를 저차원의 벡터로 표현하는 방법이다(이상엽, 2023b). 벡터는 여러 개의 숫자로 구성된 것으로 각 숫자가 하나의 원소가 되며 벡터가 갖고 있는 전체 원소의 수를 벡터의 차원이라고 한다. 사전 학습 모형을 이용해서 생성된 각 문서의 이러한 저차원 벡터는 문서의 특성을 반영한다. 문서의 특성에 따라 벡터가 갖는 원소의 구체적 값이 달라진다. 특성이 비슷한 문서의 벡터는 비슷한 원소값을 갖게 된다. 이러한 벡터에 전통적인 분류 모형(예, 로지스틱 회귀 모형 등)을 적용하여 분류 작업을 수행할 수 있다. 두 방법 중, 일반적으로 미세조정 방법의 성능이 더 좋다. 하지만 추가 학습 데이터를 준비하는 것이 어려울 때에는 특성 기반의 방법을 사용할 수 있다.

사전 학습 모형을 이용한 변수 생성

사전 학습 모형을 이용해서 추출된 이러한 특성 벡터는

통계 분석에서 사용되는 회귀 모형의 변수를 생성하기 위한 목적으로 사용될 수 있다. 예를 들어 "사용자의 사회 비교 성향이 사용자가 페이스북에 게시한 글에 의해서 설명되는가?"라는 연구 문제가 있을 때, 페이스북 게시글 특성을 나타내는 변수들을 포함한 회귀 모형의 설명력과 그렇지 않은 회귀 모형의 설명력을 비교하여 연구 문제에 대한 답을 찾을 수 있는 것이다. 이 경우 페이스북 게시글 특성을 나타내는 변수를 생성하기 위해 사전 학습 모형을 사용할 수 있다. 3장에서 설명한 것처럼, 게시글의 특성을 나타내는 저차원의 벡터를 버트와 같은 사전 학습 모형을 이용해서 생성하여 이를 게시글의 특성을 나타내는 변수들로 사용하는 것이다.

그 외 목적으로 사용하기

문서 분류 이외에 딥러닝 알고리즘을 이용한 텍스트 분석으로는 토픽 모델링, 단어 및 문서 임베딩, 군집화 등이 있다. 토픽 모델링은 문서의 주제를 찾는 것이 주요한 목적인 분석으로 토픽 모델링을 수행하면 각 문서에 대한 주제 분포와 각 주제에 대한 단어 분포 정보를 결과로 얻을 수 있다(Hovy, 2020). 문서에 대한 주제 분포는 각 문서에서 각 주제가 어느 정도 비중으로 다뤄졌는지를, 주제별 단어 분포는 각 주제와 관련해서 각 단어가 어느 정도로 관련이 있는지를 나타내는 분포다. 전통적으로는 LDA(Latent Dirichlet Allocation)와 같은 방법이 많이 사용되었지만, 최근에는 버트를 기반으로 한 버토픽(BERTopic)과 같은 알고리즘도 사용된다. 단어 및 문서 임베딩은 텍스트 데이터를 구성하는 단어 또는 문서를 저차원의 벡터로 표현하는 것이다(이상엽, 2023b). 이러한 저차원의 벡터는 단어나 문서의 특성을 나타내는 벡터로, 임베딩 벡터라고도 표현한다. 앞에서 설명한 것처럼 이러한 임베딩 벡터는 버트와 같은 사전 학습 모형을 이용해서 도출할 수 있다[단어 임베딩 알고리즘으로는 워드투벡터(Word2vec)나 패스트텍스트(FastText) 등이 있는데, 이러한 알고리즘은 신경망 모형을 기반으로 하지만 은닉층이 한 개 있는 얕은 신경망 모형을 이용한다]. 단어나 문서의 임베딩 벡터를 사용하면 단어나 문서 간의 유사도를 계산할 수 있어, 특정 단어(혹은 문서)와 유사한 단어(문서)를 쉽게 찾아낼 수 있다.

참고문헌

이상엽(2023a). 『파이썬 텍스트 마이닝 바이블1』. 위키북스.
이상엽(2023b). 『파이썬 텍스트 마이닝 바이블2』. 위키북스.

BERTopic. https://maartengr.github.io/BERTopic/index.html

Devlin et al.(2018). Bert: Pre-training of deep bidirectional transformers for language understanding. arXiv preprint arXiv:1810.04805.

Hovy, D.(2020). *Text analysis in Python for social scientists: Discovery and exploration.* Cambridge University Press.

Mottesi, C.(2024). BERT vs GPT: Comparing the Two Most Popular Language Models. https://blog.invgate.com/gpt-3-vs-bert

Paranyushkin, D.(2019, May). InfraNodus: Generating insight using text network analysis. In The world wide web conference(pp. 3584-3589).

Radford et al.(2018). Improving language understanding by generative pre-training. https://cdn.openai.com/research-covers/language-unsupervised/language_understanding_paper.pdf

Raffel et al.(2020). Exploring the limits of transfer learning with a unified text-to-text transformer. *Journal of machine learning research*, 21(140), pp.1-67.

Vaswani et al. (2017). Attention is all you need. Advances. In Neural Information Processing Systems.

05
딥러닝 이미지 분석

본 장에서는 딥러닝 알고리즘을 이용한 이미지 데이터 분석에 대해서 살펴본다. 스마트폰의 발달과 소셜 미디어의 일상화로 인해 많은 사람들이 일상 관련된 사진을 찍고 소셜 미디어를 통해 공유한다. 이러한 이미지 데이터는 사회 현상과 관련된 많은 정보와 인사이트를 포함하고 있다. 사회과학 분야에서도 사회 현상의 이해와 사회 문제 해결을 위해 이러한 이미지 데이터 분석의 중요성이 점차 증가하고 있다.

AI와 아이돌?

딥러닝을 이용한 이미지 분석

딥러닝 알고리즘을 이용한 이미지 분석에는 이미지 분류(image classification)와 객체 탐지(object detection) 등의 작업이 있다. 이미지 분류는 이미지의 특성에 따라 이미지를 특정 그룹으로 분류하는 것을 의미한다(Elgendy, 2020). 이미지를 폭력적 이미지와 비폭력적 이미지로 분류하는 것이 그러한 예가 된다. 객체 탐지는 이미지에 포함된 객체(혹은 사물)를 탐지하는 것을 의미한다. 즉, 객체가 무엇이고 객체의 위치가 어떻게 되는지를 파악하는 것이다(윤대희 외, 2023).

일반적으로 이러한 이미지 분석은 합성곱 신경망(CNN, convolutional neural networks) 알고리즘을 사용한다(Elgendy, 2020). 합성곱 신경망은 이미지가 갖고 있는 공간 정보를 효과적으로 추출하고 모형이 갖는 파라미터 수를 줄이기 위한 목적으로 필터를 사용한다. 필터는 이미지보다 작은 형태로 이미지에 순차로 적용되면서 이미지가 갖고 있는 정보를 추출한다. 그리고 이러한 정보를 추출할 때 사용되는 방식이 합성곱 방식이기 때문에 그러한 신경망 모형을 합성곱 신경망이라고 한다(Elgendy, 2020).

이러한 CNN 모형도 일반적으로 지도 학습 방식으로

작동한다. 예를 들어, 이미지를 폭력적 이미지와 비폭력적 이미지로 분류하는 작업을 CNN 모형을 이용해서 수행하고자 하는 때에는 폭력적 혹은 비폭력적 이미지라고 분류된 이미지들로 구성된 학습 데이터가 존재해야 한다. 그러한 학습 데이터를 이용해서 학습을 진행하여 모형에 존재하는 파라미터의 최적값을 찾고, 학습의 결과로 도출된 그러한 모형의 성능을 평가 데이터를 이용해 평가한 후, 모형의 성능이 좋으면 학습의 결과로 도출된 모형을 이용해서 주어진 문제를 풀게 된다. 즉, 폭력 혹은 비폭력 이미지로 구분되어 있지 않은 이미지(들)에 학습된 모형을 적용해서 이미지가 폭력적인 이미지인지 그렇지 않은 이미지인지를 예측하게 되는 것이다.

이미지 분류에 사용되는 대표적인 CNN 기반의 알고리즘에는 VGG넷(VGGNet)(Simonyan & Zisserman, 2014), 인셉션넷(InceptionNet)(Szegedy et al., 2015), 레즈넷(ResNet)(He et al., 2016), 이피션트넷(Efficient-Net) (Tan & Le, 2019) 등이 있고, 객체 탐지 알고리즘에는 SSD(Liu et al., 2016), R-CNN(Girshick et al., 2014), 욜로(YOLO)(Redmon et al., 2016) 계열의 알고리즘 등이 존재한다. 하지만 최근에는 트랜스포머 기반의 알고리즘들이 사용되기도 한다. 이미지 분류에 사용되는 대

표적인 트랜스포커 기반의 알고리즘에는 비전 트랜스포머(Vision Transformer)(Dosovitskiy, 2020)와 스윈 트랜스포머(Swin Transformer)(Liu et al., 2021), DeiT(Touvron et al., 2021), PVT(Wang et al., 2021) 등이 있고, 객체 탐지 알고리즘에는 DETR(Carion et al., 2020), 변형 가능한(Deformable) DETR(Zhu et al., 2020) 등이 있다.

이미지 분류에 사용되는 대부분의 이미지 분류 모형은 이미지넷(ImageNet)에서 제공되는 학습 데이터를 이용해서 사전 학습되어 있다. 앞에서 살펴본 버트와 마찬가지로 이렇게 사전 학습된 모형을 사전 학습 모형이라고 한다. 이미지넷 학습 데이터의 경우에는 종속변수가 취할 수 있는 값의 수가 1000개다. 즉, 이미지의 클래스가 1000개인 것이다. 자동차, 비행기와 같은 사물도 존재하지만, 많은 경우 개와 고양이와 같은 동물의 종에 대한 클래스가 존재한다. 학습 데이터에 존재하는 전체 이미지의 수는 128만1167이고, 해당 학습 데이터는 이미지넷(https://image-net.org/download.php)에서 다운로드 받을 수 있다.

이러한 사전 학습 모형을 사용하는 방법은 앞에서 살펴본 사전 학습 버트 모형을 사용하는 것과 비슷하다.

즉, 사전 학습 이미지 분류 모형을 사용하는 방법도 미세조정 방법과 특성 기반 방법으로 구분된다. 미세조정 방법은 연구자가 풀고자 하는 문제에 대한 추가 학습 데이터를 준비하고, 이러한 추가 학습 데이터를 이용해서 사전 학습 CNN 모형을 추가로 학습하는 것이다. 이렇게 하면 사전 학습 CNN 모형이 갖고 있는 파라미터의 값이 연구자가 풀고자 하는 문제에 더 적합하게 업데이트된다. 사전 학습 모형이 적용된 작업과 연구자가 풀고자 하는 작업이 유사하지 않은 경우에 사전 학습 모형을 그대로 적용하게 되면 연구자가 풀고자 하는 작업 혹은 문제를 제대로 해결할 수 없다. 이미지넷 학습 데이터를 이용해서 사전 학습된 모형을 이용해서 폭력/비폭력 이미지를 분류하는 작업을 수행하면 결과가 좋지 않게 된다. 이유는 이미지넷 학습 데이터는 주로 자동차, 비행기와 같은 사물과 동물 사진들로 구성되어 있고, 그러한 학습 데이터를 이용해 사전 학습된 모형은 폭력적 이미지의 특성을 잘 파악하지 못하기 때문이다. 이러한 사전 학습 모형은 이미지가 갖는 색상 관련된 특성을 잘 파악하는 것으로 알려져 있다. 하지만 연구자가 풀고자 하는 구체적 문제를 더 잘 풀기 위해서는 문제에 대한 별도의 학습 데이터를 준비하여 사전 학습 모형을 추가로 학습시키는 것이 바람직하다. 앞의 경우, 이미지를 폭력적 이미지와 비폭력적 이미지로 분류하는 작업을 수행하기 위해서는 폭력적 이미지와 비폭력적 이미지로 구성된 학습 데이터를 이용해서 추가 학습하는 것이 필요하다.

사전 학습 모형을 이용해서 이미지의 특성 정보를 추출하는 것이 가능하고, 이렇게 추출된 특성 정보를 이용해서 통계 분석을 수행할 수 있다. 예를 들어 '사용자의 우울 성향이 인스타그램에 게시한 사진의 특성으로 설명되는가?'라는 연구 문제가 있을 때, 이러한 연구 문제에 대한 답을 찾기 위해 회귀 모형을 이용한 통계 분석을 수행할 수 있다. 회귀 모형에 포함되는 사진의 특성을 나타내는 변수를 생성하기 위해 사전 학습 모형을 사용할 수 있는 것이다.

앞에서 살펴본 것처럼 객체 탐지 모형에는 여러 가지가 존재하지만 사회과학 분야에서 많이 사용되는 객체 탐지 모형은 욜로 계열의 모형이다. 이는 욜로 계열의 모형이 일반적으로 사용하기 쉬운 형태로 제공되기 때문이다. 책 집필 기준으로 가장 최신 욜로 계열 모형은 욜로v11이다. 욜로와 같은 객체 탐지 알고리즘도 일반적으로 사전 학습 모형의 형태로 사용된다. 사전 학습 용도로 주로 사용되는 데이터셋에는 파스칼(PASCAL) VOC

와 MS 코코(COCO)가 있다. 파스칼 VOC 데이터셋은 20개의 객체에 대한 정답 정보를 갖고 있고, MS 코코는 80개의 객체에 대한 정답 정보를 가지고 있다. 욜로v11은 MS 코코 데이터셋을 이용해서 사전 학습되어 있다. 사전 학습된 욜로v11을 추가적인 미세조정 학습 없이 그냥 사용하면 사전 학습 데이터에 존재하는 80개의 객체만을 탐지할 수 있다. 만약 80개의 객체 이외에 추가적인 새로운 객체 혹은 사물을 탐지하고자 하면 찾고자 하는 사물 또는 객체에 대한 학습 데이터를 준비하여 추가 학습을 진행해야 한다.

객체 탐지 관련 기술로 사회과학 분야에서 많이 사용되는 것이 얼굴 탐지(face recognition) 알고리즘이다. 얼굴 탐지 알고리즘은 사진 속에 존재하는 얼굴을 탐지할 뿐 아니라, 얼굴의 주요 특성 정보를 파악할 수 있다. 얼굴의 특성 정보로는 얼굴을 통해 파악할 수 있는 나이, 성별, 피부색, 안경 착용 여부, 얼굴 표정 등이 있다. 얼굴 표정을 통해서는 화남, 기쁨, 무표정, 슬픔 등의 감정을 탐지할 수 있다. 얼굴 탐지도 욜로와 같은 객체 탐지 알고리즘을 사용할 수 있지만, 얼굴 탐지만을 위한 도구들이 이미 개발되어 있어, 사회과학 분야에서는 얼굴 탐지를 위해 그러한 이미 개발된 도구를 사용하는 것이 더 효율적이다. 그러한 도구 중에서 많이 사용되는 것이 메타(Meta, 구 페이스북)에서 개발한 딥페이스(DeepFace)다.

이미지에서 텍스트 정보 추출하기

이미지에서 텍스트 정보를 추출할 때 사용되는 기술을 OCR(Optical Character Recognition)이라고 한다(Patel et al., 2012). OCR은 정확하게 표현하면 이미지를 분석하고 그 안에 포함된 텍스트를 인식해 이를 기계가 읽을 수 있는 형식으로 변환하는 기술이다. OCR 기술을 사용하는 방법은 파이선에서 제공하는 라이브러리를 사용하거나 아니면 구글 등에서 제공하는 API를 사용하는 것이다. 파이선에서 제공되는 대표적인 OCR 관련 라이브러리로는 테서랙트(Tesseract) OCR, 이지OCR(EasyOCR) 등이 있다. API의 경우, 구글에서는 클라우드 비전(Cloud Vision) API를 제공하고, 마이크로소프트에서는 애저 컴퓨터 비전(Azure Computer Vision) API를 제공한다. 파이선에서 제공되는 OCR 라이브러리보다 API의 성능이 더 좋은 것으로 알려져 있다. 하지만 API는 일정 사용 횟수를 초과하면 요금이 부과된다는 단점이 존재한다.

참고문헌

윤대희 외(2023). 『파이토치 트랜스포머를 활용한 자연어 처리와 컴퓨터비전 심층학습』. 위키북스.

Carion et al.(2020.8). End-to-end object detection with transformers. In *European conference on computer vision*(pp.213-229). Cham: Springer International Publishing.

Dosovitskiy, A.(2020). An image is worth 16x16 words: Transformers for image recognition at scale. arXiv preprint arXiv:2010.11929.

Elgendy, M.(2020). *Deep learning for vision systems*. Simon and Schuster.

Girshick et al.(2014). Rich feature hierarchies for accurate object detection and semantic segmentation. In Proceedings of the IEEE conference on computer vision and pattern recognition(pp.580-587).

He et al.(2016). Deep residual learning for image recognition. In Proceedings of the IEEE conference on computer vision and pattern recognition(pp.770-778).

Liu et al.(2021). Swin transformer: Hierarchical vision transformer using shifted windows. In Proceedings of the IEEE/CVF international conference on computer vision(pp. 10012-10022).

Liu et al.(2016). SSD: Single shot multibox detector. In Computer Vision – ECCV 2016: 14th European Conference, Amsterdam, The Netherlands, October 11 – 14, 2016, Proceedings, Part I 14(pp.21-37). Springer International Publishing.

Patel et al.(2012). Optical character recognition by open source OCR tool tesseract: A case study. *International journal of computer applications*, 55(10), pp.50-56.

Redmon et al.(2016). You only look once: Unified, real-time object detection. In Proceedings of the IEEE conference on computer vision and pattern recognition.

Simonyan, K., & Zisserman, A.(2014). Very deep convolutional networks for large-scale image recognition. arXiv preprint arXiv:1409.1556.

Szegedy et al.(2015). Going deeper with convolutions. In Proceedings of the IEEE conference on computer vision and pattern recognition(pp. 1-9).

Tan, M., & Le, Q. E.(2019). Rethinking model scaling for convolutional neural networks. arXiv preprint arXiv:1905.11946.

Touvron et al.(2021, July). Training data-efficient image transformers & distillation through attention. In International conference on machine learning(pp. 10347-10357). PMLR.

Wang et al.(2021). Pyramid vision transformer: A versatile backbone for dense prediction without convolutions. In Proceedings of the IEEE/CVF international conference on computer vision(pp. 568-578).

Zhu et al.(2020). Deformable detr: Deformable transformers for end-to-end object detection. arXiv preprint arXiv:2010.04159.

Azure AI Vision. https://azure.microsoft.com/en-us/products/ai-services/ai

-vision
Google Vision API. https://cloud.google.com/vision
MS COCO (Common Objects in Context).
https://cocodataset.org/
EasyOCR. https://github.com/JaidedAI/EasyOCR
tesseract OCR. https://github.com/tesseract-ocr/tesseract
The PASCAL Visual Object Classes.
http://host.robots.ox.ac.uk/pascal/VOC/
ultralytics. https://docs.ultralytics.com/
DeepFace. https://viso.ai/computer-vision/deepface/

06
딥러닝 오디오와 비디오 분석

딥러닝 알고리즘을 이용한 오디오와 비디오 데이터 분석 방법에 대해 살펴본다. 텍스트나 이미지 데이터에 비해서 오디오나 비디오 데이터는 아직 사회과학 연구 분야에서 상대적으로 다뤄지는 빈도가 낮지만, 음악과 같은 오디오 데이터와 유튜브나 틱톡과 같은 동영상 플랫폼을 통해 제공되는 비디오 데이터의 소비 증가로 인해 사회과학 분야에서도 오디오 또는 비디오 데이터 분석의 중요도는 증가할 것으로 예상된다.

AI와 야구?

오디오 데이터 분석

오디오 데이터는 소리(sound)를 숫자 형태로 변환한 데이터를 의미한다. 이는 소리를 나타내는 파동(wave)의 진폭 정보를 정해진 시간 간격을 기준으로 숫자 형태로 변환하여 생성된다(Christensen, 2019). 이러한 원시 오디오 데이터는 딥러닝 알고리즘을 이용해서 분석하기에 적합하지 않다. 딥러닝 알고리즘을 이용해서 오디오 데이터를 분석하기 위해서는 보통 오디오 데이터를 MFCC (Mel-Frequency Cepstral Coefficients) 형태나 스펙트로그램(Spectrogram) 형태로 변환한다(Purwins et al., 2019). MFCC는 오디오의 중요한 정보를 이용해서 오디오 데이터를 요약한 것이라고 생각할 수 있다. 사람이 오디오의 특성을 파악하는 데 상대적으로 더 중요한 역할을 하는 정보가 있고, 그렇지 않은 정보가 있는데 MFCC는 중요한 역할을 하는 정보들을 이용해서 오디오를 요약한 형태가 된다. 스펙트로그램은 소리를 시각적으로 보여 주는 그래프를 나타낸다. 이는 소리가 시간에 따라 어떻게 변화하는지를 색깔과 그래프로 표현하는 방식이라고 생각할 수 있다. MFCC는 스펙트로그램에서 추가적인 변환을 통해 오디오 신호를 더 압축한 형태다. 스펙트로그램은 소리의 세부적인 전체 사진을 보여 주는 것이고, MFCC는 소리의 중요한 부분만 요약해서 보여 주는 것이라고 이해할 수 있다. 일반적으로 음악 데이터는 스펙트로그램 형태로 표현하고, 음성 데이터는 MFCC 형태로 변환한다. 음악 데이터 분석에는 스펙트로그램을 사용하기도 하지만, 사람의 청각적 특성을 반영한 멜-스펙트로그램의 형태를 더 자주 사용한다. 멜-스펙트로그램은 스펙트로그램을 사람의 청각적 특성을 반영한 멜 스케일(Mel scale)을 이용해 변환한 것이다(Purwins et al., 2019). 사회과학 연구 분야에서의 딥러닝을 이용한 오디오 데이터 분석은 오디오 분류와 오디오의 특성 정보 추출로 구분된다.

오디오 분류

오디오 분류는 사람의 음성이나 음악을 소리 특성에 따라 특정 클래스로 분류하는 것을 의미한다. 예를 들어 사람의 음성을 우울한 사람의 음성과 그렇지 않은 사람의 음성으로 구분할 수도 있고 음악을 장르에 따라 구분할 수도 있다. 딥러닝을 이용한 오디오 분류는 다음과 같은 순서로 진행된다.

"정답 정보가 있는 오디오 데이터 준비 → 오디오 데이터의 각 파일을 MFCC나 멜-스펙트로그램으로 변환

→ 학습 데이터와 평가 데이터로 구분 → 딥러닝 모형을 이용하여 학습 → 평가 데이터를 이용한 모형 평가 → 새로운 데이터에 적용해서 정답 예측"

MFCC나 멜-스펙트로그램 형태의 음악 데이터를 학습하기 위해서 순환신경망 기반의 딥러닝 모형(Vanilla RNN, LSTM 등)이나, CNN 기반의 모형, 또는 트랜스포머(Transformer) 기반의 모형을 사용할 수 있다(Zaman et al., 2023).

사용자가 직접 오디오 분류를 위한 딥러닝 모형을 구축하지 않고, 오디오 데이터를 이용해서 사전 학습된 딥러닝 모형을 사용할 수 있다. 오디오 데이터를 이용해서 사전 학습된 딥러닝 모형에는 비기시(VGGish), 얌넷(YAMNet), 판스(PANNs), AST(Audio Spectrogram Transformer), 후버트(HuBERT, Hidden-Unit BERT), 웨이브투벡(Wav2vec) 등이 존재한다(Tsalera et al., 2021). 이러한 사전 학습 모형을 사용하는 방법은 사전 학습 버트 모형이나, 이미지 데이터를 위한 사전 학습 모형(예, ResNet 등)을 사용하는 것과 유사하다.

오디오 데이터의 특성 정보 추출하기

오디오 데이터의 특성 정보를 나타내는 벡터를 추출하

기 위해서 딥러닝 알고리즘을 사용할 수 있다. 텍스트나 이미지 데이터와 마찬가지로 오디오도 위에서 언급한 오디오 데이터 기반의 사전 학습 모형을 이용해서 오디오 데이터를 구성하는 각 파일의 특성 정보를 추출할 수 있다. 이러한 특성 정보를 이용하여 통계 분석에서 사용되는 변수를 생성할 수도 있다. 예를 들어, '사람의 우울 성향이 주로 듣는 음악의 특성에 의해 설명되는가?'라는 연구 문제가 있으면, 음악의 특성 관련 변수가 포함되지 않은 통계 모형의 설명력과 음악의 특성을 나타내는 변수들을 포함된 통계 모형의 설명력 간의 차이를 파악함으로써 연구 문제에 대한 답을 찾을 수 있는 것이다. 이러한 경우, 음악의 특성을 나타내는 변수들을 생성하기 위해서 오디오 데이터 기반의 사전 학습 모형을 사용하는 것이 가능하다.

파이선의 리브로사 라이브러리를 이용한 오디오 특성 추출

딥러닝 모형을 사용하지 않고, 파이선에서 제공되는 라이브러리를 이용해서 오디오의 특성을 추출할 수 있다. 오디오의 특성 정보를 추출할 때 사용할 수 있는 라이브러리 중에서 가장 많이 사용되는 라이브러리가 리브로사

(librosa)다. 리브로사를 이용해서 추출할 수 있는 오디오 특성 정보에는 템포(tempo), 영 교차율(Zero-Crossing Rate), 스펙트럼 대비(Spectral Contrast), 스펙트럼 중심(Spectral Centroid), 토네츠(Tonnetz) 등이 있다. 이러한 특성 정보를 이용해서 음악 분류 혹은 통계 분석 등을 수행할 수 있다.

스포티파이 API 사용하기

대표적인 음악 플랫폼인 스포티파이(Spotify)에서는 음악의 특성 정보를 추출하는 데 사용할 수 있는 API를 제공한다. 해당 API를 사용하면 음악과 관련된 다양한 특성 정보를 추출할 수 있다. 그러한 특성 정보에는 춤추기에 적합한 정도(danceability), 에너지(energy), 기악성(instrumentalness), 생생함(liveness), 시끄러운 정도(loudness), 단어의 사용 정도(speechiness), 템포(tempo) 등이 있다.

오디오에서 텍스트 정보 추출하기

사람의 음성이 포함된 오디오 데이터의 경우(예, 노래 또는 영화 대사가 포함된 음성 데이터 등), 오디오 데이터의 음향적 특성 정보 이외에 음성을 텍스트 형태로 변환하여 텍스트 분석 방법을 적용할 수 있다. 음성 데이터를 텍스트로 변환하는 방법은 주로 음성 인식(STT, Speech-to-Text) 기술을 사용하여 구현된다(Kumar et al., 2023). 음성 인식을 위해 사용되는 주요한 방법은 구글이나 마이크로소프트와 같은 회사에서 제공하는 API를 사용하는 것이다. 구글에서는 스피치투텍스트(Speech- to-Text) API를 제공하고 있으며, 마이크로소프트에서는 애저 스피치 서비스(Azure Speech Service) API를 제공한다. 또는 오픈AI(OpenAI)에서 제공하는 위스퍼(Whisper) 모형을 사용할 수 있다. 파이선에서 제공하는 스피치레코그니션(SpeechRecognition) 등의 라이브러리를 사용할 수도 있지만, 앞서 언급된 다른 방법들보다 성능이 떨어지는 것으로 알려져 있다.

딥러닝을 이용한 비디오 데이터 분석

비디오 데이터는 여러 장의 이미지와 오디오 데이터로 구성되어 있다. 비디오를 만들기 위해서는 초당 24, 30, 60장 등의 이미지가 사용된다. 따라서 비디오 데이터 분석을 위해서는 비디오 데이터를 구성하는 이미지 데이터와 오디오 데이터를 분석해야 한다. 즉, 앞에서 다룬 이미지 데이터 분석 방법과 오디오 데이터 분석 방법을 적용할 수 있는 것이다.

비디오 데이터에서 이미지 추출하기

비디오 데이터는 여러 이미지의 시퀀스 형태로 구성되어 있다. 비디오 데이터를 분석하기 위해서는 비디오 데이터를 구성하는 이러한 이미지를 분석해야 한다. 하지만 비디오 데이터를 구성하는 이미지의 수가 많아서 비디오의 특성을 파악하기 위해서 비디오를 구성하는 모든 이미지를 분석하는 것은 시간도 오래 걸리고, 많은 컴퓨팅 자원을 필요로 하기 때문에 효율적이지 못하다. 일반적으로 비디오 데이터를 구성하는 전체 이미지 중에서 일부 이미지를 샘플링해서 사용한다. 일부 이미지를 샘플링하는 방법에는 크게 두 가지가 존재하는데, 하나는 일정 시간마다 한 장의 이미지를 추출하는 것이고, 다른 하나는 각 장면(scene)에서 하나의 이미지를 추출하는 것이다. 전자에서는 동일한 장면에서 중복된 이미지가 추출될 수 있기 때문에 후자의 방법이 많이 사용된다. 이렇게 추출된 이미지를 CNN 기반의 모형이나 트랜스포머 기반의 모형을 이용해서 분석하면 된다. 예를 들어 비디오의 폭력성을 측정하고자 하면, 각 장면에서 한 장의 이미지를 추출한 후, 딥러닝 알고리즘을 적용해서 이미지의 폭력성을 측정하여 비디오의 폭력성을 파악할 수 있다.

만약 추출된 이미지들의 시계열적 특성이 중요한 경우에는 각 이미지의 특성 정보를 CNN 혹은 트랜스포머 기반의 모형을 이용하여 추출한 후, 시계열 정보를 추출하기 위해 순환신경망 기반의 모형이나 어텐션 기반의 모형을 이용할 수 있다(Ullah et al., 2017).

이미지와 오디오 데이터 함께 사용하기

이미지 데이터와 오디오 데이터를 함께 사용하기 위해서는 멀티모달 방식으로 접근해야 한다(Middya et al., 2022). 즉, 이미지 데이터 분석을 위한 모형과 오디오 데이터 분석을 위한 모형을 함께 사용해야 하는 것이다. 이러한 경우, 이미지 데이터에 적용한 모형이 출력하는 특성 정보와 오디오 데이터에 적용한 모형이 출력하는 특성 정보를 결합하여 정답을 예측하고 이렇게 예측된 정답 정보를 이용해서 비용 함수를 계산하여 학습을 수행할 수 있다.

참고문헌

Christensen, M. G.(2019). *Introduction to audio processing.*

Springer.

Kumar, Y., et al.(2023). A deep learning approaches in text-to-speech system: a systematic review and recent research perspective. *Multimedia Tools and Applications*, 82(10), 15171-15197.

Middya, A. I., et al.(2022). Deep learning based multimodal emotion recognition using model-level fusion of audio–visual modalities. *Knowledge-Based Systems*, 244, 108580.

Purwins et al.(2019). Deep learning for audio signal processing. *IEEE Journal of Selected Topics in Signal Processing*, 13(2), pp.206-219.

Tsalera, E., et al.(2021). Comparison of pre-trained CNNs for audio classification using transfer learning. *Journal of Sensor and Actuator Networks*, 10(4), p.72.

Ullah et al.(2017). Action recognition in video sequences using deep bi-directional LSTM with CNN features. *IEEE access*, 6, 1155-1166.

Zaman et al.(2023). A survey of audio classification using deep learning. *IEEE Access*.

Google Speech-to-Text. https://cloud.google.com/speech-to-text

Librosa. https://librosa.org/doc/latest/index.html

Librosa Feature extraction. https://librosa.org/doc/latest/feature.html

Microsoft Speech Service. https://learn.microsoft.com/ko-kr/azure/ai-services/speech-service/overview

OpenAI Whisper. https://openai.com/index/whisper/
SpeechRecognition.
https://developer.mozilla.org/en-US/docs/Web/API/SpeechRecognition
Spotify Web API.
https://developer.spotify.com/documentation/web-api

07
거대 언어 모형 소개: GPT 모형을 중심으로

지금까지 딥러닝 알고리즘을 이용한 데이터 분석과 사회과학 연구 수행에 대해 살펴보았다. 인공지능을 사회과학 연구에서 사용할 수 있는 두 번째 방법은 챗GPT와 같은 생성형 거대 언어 모형 기반의 서비스를 사용하는 것이다. 이와 관련해서 먼저 거대 언어 모형이 무엇이고 어떻게 작동하는지를 살펴보도록 하겠다.

AI와 윤동주?

거대 언어 모형 소개

거대 언어 모형(LLM, Large Language Model)은 대규모의 텍스트 데이터를 학습하여 자연어를 이해하고 생성하는 데 사용되는 인공지능 모형을 의미한다(서지영, 2024). 이러한 모형은 주로 트랜스포머(Transformer) 아키텍처를 기반으로 하며, 일반적으로 수십억 개 이상의 파라미터를 포함한 거대한 신경망 구조로 이루어져 있다. LLM은 언어의 구조, 문맥, 의미 등을 학습하여 다양한 언어 작업을 수행할 수 있다.

트랜스포머 알고리즘은 앞에서 설명한 것처럼, 인코더와 디코더로 구성되어 있으며 어텐션을 기반으로 한다는 특징을 갖는다. 트랜스포머가 발표된 이후, 트랜스포머를 기반으로 한 많은 알고리즘이 발표되었다. 트랜스포머의 인코더를 기반으로 한 버트(BERT), 디코더를 기반으로 한 GPT, 인코더와 디코더를 모두 활용한 T5 등이 대표적 예다. 버트 등의 인코더 기반 알고리즘은 텍스트 분류나 문서의 특성 정보를 추출하는 데 성능이 좋은 것으로 알려져 있고, GPT 등의 디코더 기반 알고리즘은 텍스트 생성에 더 적합한 것으로 알려져 있다(Mottesi, 2024).

버트에는 두 가지 버전이 존재하는데, 작은 버전은 1억

1000만 개의 파라미터를 포함하고 있으며 큰 버전은 3억 4000만 개의 파라미터를 포함한다(Devlin et al., 2018). T5에는 버전에 따라 적게는 6000만 개에서 많게는 110억 개의 파라미터가 존재한다(Raffel et al., 2020). 오픈AI(OpenAI)에서 발표한 GPT 계열의 알고리즘에는 여러 종류가 존재하는데 2018년에 GPT-1이 처음 발표되었고 이후 GPT-2, 3 등이 순차로 발표되었다. GPT-1에는 1억1700만 개의 파라미터가, GPT-2에는 15억 개의 파라미터가, GPT-3에는 최대 1750억 개의 파라미터가 존재한다(이상엽, 2023).

파라미터의 수가 몇 개 이상이면 거대 언어 모형이냐에 대한 기준은 명확히 없다. 트랜스포머 기반의 모형들을 모두 거대 언어 모형이라고 하기도 하고, GPT-3부터 거대 언어 모형이라고 칭하기도 한다. 본 책에서는 트랜스포머의 디코더를 기반으로 한 생성형 목적의 모형을 거대 언어 모형으로 간주하겠다.

최근 생성형 거대 언어 모형으로 인기를 끌고 있는 모형에는 챗GPT(ChatGPT)에서 사용되는 오픈AI에서 개발한 GPT-3.5, GPT-4, GPT-4o1, 그리고 구글(Google)의 제미나이(Gemini)2, 메타(Meta)의 라마(Llama)3, 앤스로픽(Anthropic)의 클로드(Claude)4, 미스트랄AI(Mistral

AI)에서 개발한 미스트랄(Mistral)5, TII의 팰컨(Falcon) 6 등이 있다. 이 중에서 챗GPT, 제미나이, 클로드 등은 사용료를 지불하고 사용해야 하는 폐쇄 소스(closed source)이고, 라마, 팰컨, 미스트랄 등은 오픈 소스(open source) 형태로 제공된다.

이러한 생성형 목적의 거대 언어 모형들은 대부분 트랜스포머의 디코더 부분을 기반으로 한다. 여기서는 가장 많이 사용되는 GPT 계열의 모형에 대해서 조금 더 자세하게 살펴보겠다. GPT-1은 2018년 6월에 발표되었고, GPT-2는 2019년 2월, GPT-3는 2020년 6월, GPT-3.5는 2022년 3월에 발표되었다. 그리고 GPT-3.5를 기반으로 한 챗GPT가 2022년 11월에 발표되었으며, 지금은 GPT-4o를 기반으로 한 챗GPT까지 발표되었다(GPT 계열 모형에서는 GPT-2까지만 허깅페이스를 통해 오픈 소스로 공개되어 있고, 그 이후 모형부터는 공개되지 않고 있다). GPT-1, 2, 3, 3.5, 4, 4o 등은 딥러닝 모형이고 챗GPT는 이러한 모형을 기반으로 작동하는 대화형 프로그램이다.

GPT-1은 GPT 시리즈의 첫 번째 모형으로 오픈AI에서 2018년 6월에 발표한 모형이다. GPT는 논문 제목 'Improving language understanding by generative pre-training(생성적 사전 학습을 이용한 언어 이해 능력 향상)'에 포함된 '생성적 사전 학습(Generative Pre-Training)'을 나타낸다(Radford et al., 2018). GPT-1은 기본적으로 대용량으로 텍스트 데이터를 이용해서 비지도 학습 방식으로 학습되어 있다. 이러한 비지도 학습 방식은 입력된 텍스트 데이터에 존재하는 이전 단어들의 정보를 이용해서 다음에 나올 단어가 무엇인지를 예측하는 방식으로 학습이 진행된다[이렇게 주어진 단어들의 정보를 이용해서 그다음 단어를 예측하는 식으로 작동하는 모형을 언어 모형(language model)이라고 한다]. 예를 들어, 아래와 같이 두 개의 문장으로 구성된 텍스트 데이터가 GPT 모형에 입력된 경우, was까지의 단어 정보를 이용해서 was 다음에 나오는 단어를 예측하는 식으로 학습이 진행된다. 원본 텍스트에는 was 다음에 나오는 실제 단어에 대한 정보가 존재하기 때문에 이러한 단어 정보를 정답 정보로 사용하게 된다.

"I watched a movie yesterday. The movie was ____"

GPT-1에서는 이러한 사전 학습을 위해 북코퍼스(BookCorpus) 데이터셋을 사용하였다. 해당 데이터셋은 출간되지 않은 7000권이 넘는 책에 대한 내용을 포함하고 있다. 이렇게 사전 학습된 GPT-1 모형을 사용자가 해결하고자 하는 다른 작업(예, 감성 분석, 질의 · 응답 등)[사전 학습 모형을 이용해서 풀고자 하는 새로운 작업(task)을 다운스트림 작업(downstream task)이라고 한다]에 적용하고자 하는 경우에는 새로운 작업에 대한 추가적인 학습 데이터를 준비하여 사전 학습 모형을 추가 학습(즉, 미세조정)하여 적용하게 된다.

GPT-2는 2019년 2월에 발표되었으며, 모형의 구조는 GPT-1과 비슷하다. GPT-1과의 주요한 차이는 더 많은 양질의 데이터를 이용해서 학습을 하였고, 더 많은 파라미터를 갖는다는 것이다. 그리고 사전 학습 모형을 이용해서 새로운 작업을 수행하고자 할 때, 추가적인 학습을 수행하지 않고 사전 학습 모형을 그대로 사용했다는 것이 주된 특징이다. GPT-2 논문에서는 양질의 대용량 학습 데이터로 사전 학습된 언어 모형은 추가 학습 없이도 새로운 작업을 잘 해결할 수 있다는 것을 보여 준다(Radford et al., 2018). 이전 모형들은 일반적으로 사전 학습 모형을 이용해서 새로운 작업을 수행하기 위해서 새로운 작업에 대한 추가 학습을 진행하는 방식으로 작동되었다. 하지만 이러한 방식은 새로운 작업에 대한 학습 데이터를 준비해야 한다는 단점이 존재한다. 새로운 학습 데이터를 준비하는 것이 어려운 작업이기 때문에,

GPT-2 논문에서는 대용량의 양질의 데이터를 이용해 사전 학습된 모형은 추가 학습 데이터 없이도 새로운 작업을 잘 해결할 수 있다는 가능성을 제시한다.

그리고 GPT-2의 이러한 시도를 더 발전시킨 것이 GPT-3 모형이다. GPT-3의 논문에서 가장 크게 주목한 점은 사전 학습이 충분히 된 언어 모형을 사용하는 경우, 추가 학습 없이도 새롭게 풀고자 하는 문제 관련한 소수의 예를 이용해서도 좋은 성능을 낼 수 있다는 것이다 (Brown et al., 2020). 이러한 시도는 전반적으로 GPT-2와 비슷하지만, GPT-3에서는 더 다양하고 큰 학습 데이터를 이용하여 사전 학습을 수행하였고, GPT-2에 비해 훨씬 더 거대한 모형을 사용했다. GPT-3 논문에서도 여러 가지 버전의 모형을 사용하였는데, 가장 큰 모형은 1750억 개의 파라미터를 갖는다. GPT-3 논문에서는 새로운 문제를 풀고자 할 때 입력되는 예시(example)의 수에 따라서 모형의 성능이 어떻게 달라지는지를 파악한다. 구체적으로, GPT-3 논문에서는 입력되는 예의 수에 따라서 제로샷(zero-shot), 원샷(one-shot), 퓨샷(few-shot)으로 구분한다. 제로샷은 풀고자 하는 작업 관련된 예가 하나도 입력되지 않는 경우를, 원샷은 예가 하나만 사용된 경우를, 퓨샷은 풀고자 하는 작업 관련된 여러 개의 예시를 사용된 경우를 의미한다.

오픈AI에서는 GPT-3를 발표한 이후, 2022년 1월에 인스트럭트GPT(InstructGPT)를 발표했다(Ouyang et al., 2022). 인스트럭트GPT는 GPT-3를 기반으로 사용자의 지시나 명령에 더 잘 반응하도록 추가 학습된 모형이다. GPT-3는 몇 개의 예제와 프롬프트만 있어도 사전 학습 언어 모형이 다양한 자연어 처리 작업을 수행할 수 있다는 것을 보여 주었지만, 여전히 문제가 존재한다. 사실을 조작한다든지, 편향된 혹은 악의적인 텍스트를 생성한다든지, 또는 사용자의 지시를 따르지 않는 것 등이 그러한 문제의 예가 된다[이러한 문제를 환각(hallucination) 문제라고 한다]. 이러한 문제의 원인 중 하나는 주어진 단어들을 이용해서 다음 단어를 예측하는 언어 모형의 목적이 "사용자의 지시를 안전하고 도움이 될 수 있게 수행하라"는 것과 차이가 있기 때문이다.

인스트럭트GPT 논문에서는 사용자의 의도와 일치하는 방향으로 행동하는 언어 모형을 제안하고자 한다. 이를 위해서 해당 논문에서는 GPT-2, GPT-3와 달리 미세 조정 방법에 집중한다. 특히 사람들의 피드백을 이용한 강화 학습 방법을 사용하여 미세 조정을 수행한다. 인스트럭트GPT의 가장 큰 특징 혹은 이전 버전의 GPT 모형들과 갖는 가장 큰 차이는 미세 조정 학습 과정을 포함하였고, 그러한 과정에서 사람의 피드백을 사용했다는 것이다. 즉, 인스트럭트GPT 논문에서는 사람의 피드백 기반 미세 조정 방법을 사용해서 사용자의 의도에 맞는 결과를 반환하는 언어 모형을 제안한다.

그리고 인스트럭트GPT를 사람과의 대화를 주된 목적으로 발전시킨 것이 챗GPT다. 챗GPT는 인스트럭트GPT와 거의 동일한 방법으로 학습되었다. 다만, 사람과의 대화를 목적으로 했기 때문에 챗GPT에서는 대화 데이터를 학습 데이터로 추가했다는 특징이 있다. 인스트럭트GPT가 GPT-3를 기반으로 추가 학습된 반면, 초기 챗GPT는 GPT-3.5를 기반으로 추가 학습되었다. 그리고 책 집필 시점을 기준으로 GPT-4와 GPT-4o를 기반으로 한 챗GPT까지 출시된 상황이다.

참고문헌

서지영(2024). 『랭체인으로 LLM 기반의 AI 서비스 개발하기』. 길벗

이상엽(2023). 『파이썬 텍스트 마이닝 바이블2』. 위키북스.

Brown et al.(2020). Language models are few-shot learners. arXiv preprint arXiv:2005.14165.

Devlin et al.(2018). Bert: Pre-training of deep bidirectional transformers for language understanding. arXiv preprint

arXiv:1810.04805.
Mottesi, C.(2024). BERT vs GPT: Comparing the Two Most Popular Language Models. https://blog.invgate.com/gpt-3-vs-bert
Ouyang et al.(2022). Training language models to follow instructions with human feedback. *Advances in neural information processing systems*, 35, 27730-27744.
Radford et al.(2018). Improving language understanding by generative pre-training. https://cdn.openai.com/research-covers/language-unsupervised/language_understanding_paper.pdf
Radford et al.(2019). Language models are unsupervised multitask learners. *OpenAI blog*, 1(8), 9.
Raffel et al.(2020). Exploring the limits of transfer learning with a unified text-to-text transformer. *Journal of machine learning research*, 21(140), 1-67.

ChatGPT. https://openai.com/chatgpt/
Claude. https://claude.ai/
Falcon. https://falconllm.tii.ae/
Gemini. https://gemini.google.com/
Llama. https://www.llama.com/
Mistral. https://mistral.ai/
OpenAI(2022.11.30). Introducing ChatGPT. https://openai.com/index/chatgpt/

08
챗GPT를 이용한 사회과학 연구 1 : 연구 문제 설정과 문헌 조사

본 장에서는 거대 언어 모형 기반 서비스 중에서 가장 일반적으로 많이 사용되는 챗GPT를 이용해서 사회과학 연구를 어떻게 수행할 수 있는지 알아보겠다. 챗GPT와 같은 인공지능 서비스는 사회과학 연구 전반에 걸쳐 사용될 수 있다. 본 장에서는 전체 연구 과정 중에서 연구 문제 도출과 문헌 조사를 위해 어떻게 챗GPT를 사용할 수 있는지 살펴본다.

AI와 한의학?

앞에서 살펴본 것처럼 챗GPT(ChatGPT)는 GPT 계열의 거대 언어 모형을 기반으로 한 대화형 프로그램으로 사용자의 질문이나 요청에 대해 텍스트 형태로 답변을 제공한다. 챗GPT는 챗GPT의 기능을 확장하거나 특정 작업을 수행할 수 있도록 도와주는 추가적인 도구인 플러그인(plug-in)도 제공한다. 이러한 플러그인을 사용하면 데이터 분석이나 논문 찾기, 혹은 PDF 문서 관련된 작업 등을 보다 효과적으로 수행할 수 있다.

본 책의 앞부분에서 기술한 것처럼, 사회과학 연구의 전반적인 순서는 ① 연구 아이디어 도출, ② 구체적 연구 문제 혹은 가설 도출, ③ 데이터 수집, ④ 데이터 분석, ⑤ 결과 도출과 해석으로 구성된다. 전반적인 연구 과정 중에서 본 장에서는 연구 아이디어와 연구 문제 및 가설 도출을 위해서 챗GPT를 어떻게 사용할 수 있는지 살펴보고, 다음 장에서는 챗GPT를 이용한 데이터 분석에 대해서 살펴보도록 하겠다.

연구 아이디어나 연구 문제 혹은 가설을 도출하기 위해서 필수적인 것이 선행 연구 검토를 위한 문헌 조사다(Bhattacherjee, 2012). 문헌 조사를 통해 특정 주제 관련해서 어떠한 연구들이 있는지를 확인하고 각 연구에서 어떠한 내용의 연구를 수행했으며, 주요한 연구 결과가 무엇인지를 확인하는 과정이 필수다. 하지만 이러한 선행 연구를 연구자가 직접 검토하는 것은 시간이 오래 걸린다. 챗GPT 등의 인공지능 서비스가 사용되기 전에는 연구자가 직접 구글 스칼라(https://scholar.google.com/)나 디비피아(DBpia)(https://www.dbpia.co.kr/)와 같은 논문 검색 사이트를 이용해서 특정 주제 관련된 선행 연구를 찾고 각 논문을 직접 읽어서 주요 내용을 확인하는 과정을 거쳤다. 챗GPT 등의 인공지능 서비스는 이러한 문헌 조사 과정을 보다 효율적으로 진행하는 데 도움을 줄 수 있다.

문헌 조사

문헌 조사를 위해 챗GPT가 사용될 수 있는 주요 용도는 다음과 같다.

① 특정 키워드 관련 선행 연구 찾기, ② 특정 주제 관련 연구 흐름 요약, ③ 논문의 주요 내용 요약, ④ 인용 방식 정리

① 특정 키워드 관련 선행 연구 찾기

챗GPT에 특정 연구 주제 혹은 키워드 관련된 선행 연구 혹은 주요 연구에는 무엇이 있는지 물어볼 수 있다. 예를

들어, '페이스북과 사회자본(social capital)' 관련된 선행 연구를 찾고자 할 때에는 챗GPT에 다음과 같이 입력할 수 있다.

"페이스북과 사회자본(social capital) 관련된 선행 연구를 찾아 줘. 2010년 이후 발표된 연구 중에서 인용이 많이 된 순으로 찾아 줘."

그러면 챗GPT는 각 논문의 제목과 출판 연도, 저자명과 같은 기본적인 내용과 논문 관련 주요 내용을 정리해서 보여 준다.

챗GPT를 이용해서 문헌 조사를 수행할 수 있지만, 문헌 조사를 위해 제공되는 특정 플러그인을 사용할 수도 있다. 문헌 조사 관련 챗GPT 플러그인에는 스칼라(Scholar) AI, 스칼라(Scholar) GPT, 컨센서스(Consensus), 사이스페이스(SciSpace) 등이 있다. 이러한 플러그인은 챗GPT에서 쉽게 검색하여 사용할 수 있다.

② 특정 주제 관련 연구 흐름 요약

챗GPT에 특정 연구 주제의 발전 과정을 요약해 달라고 요청할 수 있다. 예를 들어서, '미디어의 폭력성 관련 연구의 최근 동향'이나 '특정 이론의 역사적 발전 과정'에 대해 물으면, 챗GPT는 이 주제와 관련된 주요 연구 흐름을 제시한다. 특정 주제 관련된 연구 동향이라 연구 흐름을 파악하기 위해서 위에서 언급된 스칼라 AI 등의 플러그인을 사용할 수 있다.

③ 논문의 주요 내용 요약

챗GPT를 이용해서 특정 논문의 내용을 요약할 수도 있다. 예를 들어, 2007년에 ≪Journal of Computer-Mediated Communication(컴퓨터 매개 커뮤니케이션 저널)≫에 게재된 논문인 "The benefits of Facebook "friends:" Social capital and college students' use of online social network sites(페이스북 '친구'의 이점: 사회적 자본과 대학생들의 온라인 소셜 네트워크 사이트 이용)"의 내용을 요약하고자 하는 경우, 다음과 같이 챗GPT에 입력할 수 있다(챗GPT로 하여금 구체적으로 어떠한 논문인지 파악할 수 있게 하기 위해서는 논문의 정확한 인용 정보를 제공해야 한다).

"아래 논문의 내용을 요약해 줘:

Ellison, N. B., Steinfield, C., & Lampe, C.(2007). The benefits of Facebook "friends:" Social capital and college students' use of online social network sites. Journal of computer-mediated communication, 12(4),

1143-1168."

만약 논문에 대한 PDF 파일을 갖고 있을 때에는 PDF 파일 내용 요약 기능이 있는 플러그인(예, PDF Summary 등)을 사용할 수 있다. 챗GPT에 내용을 요약하고자 하는 PDF 파일을 업로드한 후 파일 내용을 요약해 달라는 요청을 입력하면 된다.

④ 인용 방식 정리

특정 주제와 관련된 선행 연구를 찾은 다음에는 그러한 선행 연구의 목록을 챗GPT를 이용해서 특정한 인용 방식으로 정리할 수 있다. 예를 들어 APA(American Psychological Association) 방식으로 정리하고자 하는 때에는 다음과 같이 챗GPT에 입력한다.

"비디오 게임의 폭력성이 청소년에게 미치는 영향 관련된 선행 연구를 찾아서 APA 스타일로 정리해 줘."

연구 아이디어 및 연구 문제 도출

이러한 문헌 조사를 통해 특정 주제에 대한 기존 연구를 요약하고, 이와 관련된 새로운 연구 아이디어나 연구 문제 도출하는 것도 가능하다. 예를 들어, 미디어 폭력성이 시청자에게 미치는 영향 관련된 선행 연구를 찾은 다음에 챗GPT에 다음과 같이 물어볼 수 있다.

“미디어 폭력성이 시청자에게 미치는 영향 관련 기존 연구에서 다루지 않은 주제는 무엇이야?”

가설 도출을 위한 이론적 근거 마련

사회과학 연구에서는 가설을 제시할 때 관련된 이론적 근거를 논리적으로 기술하는 것이 중요하다. 예를 들어, “인터넷 사용과 사용자의 우울증 간에는 양의 상관관계가 있을 것이다”라는 가설을 제시하기 위해서는 어떠한 이유로 인터넷 사용과 사용자의 우울증 간에 양의 상관관계가 있을 수 있는지를 이론적 근거를 토대로 논리적으로 설명해야 한다. 이론적 근거를 제시하기 위해서 관련 있는 이론이 무엇인지, 혹은 관련 있는 이론적 설명을 제시하는 선행 연구가 무엇인지를 챗GPT를 이용해서 파악할 수 있다. 이를 위해 다음과 같이 챗GPT에 입력할 수 있다.

“‘인터넷 사용과 사용자의 우울증 간에는 양의 상관관계가 있을 것이다’라는 가설을 제시하고 싶어. 이를 위한 이론적 근거와 관련된 선행 연구를 알려 줄 수 있어?”

참고문헌

Bhattacherjee, A.(2012). *Social science research: Principles, methods, and practices.* University of South Florida.

09

챗GPT를 이용한 사회과학 연구 2 : 데이터 분석

이번에는 챗GPT를 이용한 데이터 분석 방법에 대해서 살펴보겠다. 챗GPT를 데이터 분석 관련하여 여러 가지 방식으로 사용 가능하다. 직접 챗GPT를 이용해서 데이터 분석을 수행할 수도 있고, 특정 데이터 분석 툴이나 프로그램을 이용해서 데이터 분석을 수행하는 방법을 챗GPT에 물어볼 수도 있다. 그뿐만 아니라 특정한 목적으로 사용될 수 있는 분석 방법이 무엇인지 물어보는 것도 가능하다.

AI와 화장품?

챗GPT를 이용한 데이터 분석

먼저 챗GPT(ChatGPT)를 직접적으로 이용해서 데이터 분석을 수행하는 방법에 대해서 알아보도록 하자. 챗GPT 초기 버전에서는 챗GPT 자체적으로는 데이터 분석이 불가능했고, 특정 플러그인(예, Advanced Data Analysis 등)을 이용해서만 가능했다. 하지만 챗GPT-4o부터는 플러그인을 사용하지 않고도 챗GPT를 이용해서 데이터 분석을 수행하는 것이 가능하다. 챗GPT를 이용해서 데이터 분석을 수행하면, SPSS나 스테이타(Stata)와 같은 데이터 분석 프로그램이나 파이선 또는 R과 같은 프로그래밍 언어를 모르더라도 데이터 분석을 수행할 수 있다는 장점이 존재한다.

챗GPT를 이용해서 데이터 분석을 수행하기 위해서는 일단 데이터를 수집해서 파일 형태로 준비해야 한다. 그런 다음, 준비된 파일을 챗GPT에 업로드하여 분석을 수행할 수 있다. 챗GPT는 파이선이라고 하는 특정 프로그래밍 언어를 이용해서 데이터 분석을 수행한다. 아직은 파이선을 이용한 모든 데이터 분석이 가능한 것이 아니라 챗GPT가 구동되는 클라우드 컴퓨팅 환경에 기본으로 설치되어 있는 파이선 관련 툴을 이용해서 수행할 수 있는 데이터 분석만 가능하다. 예를 들어, 딥러닝 알고리즘을 이용한 데이터 분석은 관련된 툴(예, 파이토치 또는 텐서플로 등의 딥러닝 프레임워크)이 기본으로 설치되어 있지 않아 챗GPT를 이용해서는 직접 딥러닝을 이용한 분석을 수행할 수 없다.

일반적으로 데이터 분석은 크게 세 가지 정도로 구분된다. 첫 번째는 탐색적 데이터 분석이고, 두 번째는 기계 학습 알고리즘을 이용한 데이터 분석, 세 번째는 통계 기반의 데이터 분석이다. 데이터 분석 전에는 데이터 전처리 작업을 먼저 진행하는 것이 필요하다.

데이터 전처리

데이터 전처리 과정의 주요한 목적은 데이터를 분석에 적합한 형태로 준비하는 것이다(Mukhiya & Ahmed, 2020). 전처리는 보다 정확한 분석 결과를 얻기 위해 중요한 과정이다. 전처리 과정에서는 데이터 정제 및 데이터 변환 등의 작업을 수행한다. 구체적으로, 결측치나 이상치를 제거할 수 있고, 변수가 취하는 값의 단위나 범위를 조정할 수 있으며, 최종 데이터 분석에서 불필요한 변수를 제거하거나 기존 변수의 값들을 이용해서 새로운 변수를 생성하기도 하며, 문자열 형태로 되어 있는 데이터를 숫자 형태로 변환하기도 한다. 챗GPT를 이용해서 전처리 작업을 수행하기 위해서는 데이터가 저장된 파일을 챗GPT에 업로드 후 수행하고자 하는 분석을 요청하면 된다. 예를 들어, 데이터에 존재하는 결측치를 제거하기 위해서는 다음과 같이 입력한다.

"업로드된 데이터에 존재하는 결측치를 확인하고 제거해 줘."

챗GPT는 분석의 결과만을 보여 주는 것이 아니라, 분석에 사용된 파이선 코드와 코드에 대한 설명도 제공한다. 파이선 프로그래밍이 가능한 독자는 챗GPT가 제공하는 파이선 코드를 이용해서 독자의 컴퓨터를 이용해 직접 데이터 분석을 수행할 수도 있다.

탐색적 데이터 분석

탐색적 데이터 분석(EDA, Exploratory Data Analysis)은 데이터의 특성과 패턴을 이해하기 위해 데이터를 시각화하고 요약 통계를 활용하는 초기 분석 과정이다(Mukhiya & Ahmed, 2020). 데이터를 구성하는 변수의 특성 관련 지푯값(평균, 분산 등)을 계산할 수도 있고, 시각화(예, 히스토그램, 막대그래프 등) 작업을 수행할 수 있다. 한 변수의 특성만을 파악하는 것이 아니라, 변수 간의 관계를 파악하는 것도 가능하다.

기계 학습 알고리즘 기반의 데이터 분석

챗GPT를 이용해서 딥러닝 알고리즘 기반의 비정형 데이터 분석을 직접적으로 수행하는 것은 불가능하지만, 사이킷런(sklearn)이라는 파이선 라이브러리에서 제공되는 여러 가지 기계 학습 알고리즘을 이용한 데이터 분석은 가능하다. 예를 들어 수집된 데이터에 대해서 군집화 분석을 수행하고자 할 때에는 챗GPT에 데이터 파일을 업로드 후 다음과 같이 입력하면 된다.

"업로드된 데이터 파일에 대해서 군집화 분석 알고리즘을 수행해 줘."

군집화 분석 알고리즘에는 여러 가지가 존재하기 때문에 위와 같이 사용하고자 하는 군집화 분석 알고리즘의 이름을 명시하지 않는 때에는 챗GPT가 알아서 적절한 알고리즘을 선택한 후, 군집화 분석에 필요한 사전 작업을 수행하고 군집화 분석을 수행하게 된다. 만약 사용자가 군집화 분석에 대해 잘 모르면 챗GPT에 "군집화 분석에 대해서 설명해 줘"와 같은 요청을 할 수 있다.

통계 기반의 데이터 분석

사회과학 연구에서는 일반적으로 연구 문제의 답을 찾거나 가설을 검증하기 위해서 통계 기반의 데이터 분석 방법을 사용한다(Llaudet & Imai, 2022). 그룹 간의 평균을 비교하기 위해 t 검정이나 분산 분석(ANOVA)과 같은 방법을 사용할 수도 있고, 변수들 간의 관계를 파악하기 위해서 선형회귀와 같은 회귀 분석을 수행할 수 있다. 이러한 분석을 위해서 SPSS 등의 통계 프로그램이나 R 등의 프로그래밍 언어를 사용하지만, 챗GPT를 이용해서 직접적인 통계 분석을 수행하는 것이 가능하다. 예를 들어, 특정 변수에 대해서 두 그룹 간의 평균을 비교하기 위해서는 다음과 같이 입력할 수 있다.

"성별 변수에 의해 구분되는 두 그룹에 대해 수학 성적의 평균 차이를 독립 표본 t 검정(independent samples t-test) 방법을 이용해서 분석해 줘."

위와 같이 입력하면 SPSS 등의 통계 프로그램을 통해서 얻을 수 있는 주요한 결과(예, 평균 차이, p-값 등)와 유사한 결과를 얻는다.

통계 프로그램이나 프로그래밍 언어를 이용한 분석 방법 물어보기

챗GPT를 이용해서 직접적으로 데이터 분석을 수행할 수도 있지만, SPSS, Stata 등의 통계 프로그램 혹은 R과 같은 프로그래밍 언어를 이용해서 어떻게 데이터 분석을 수행할 수 있는지 챗GPT에 물어볼 수 있다. 예를 들어 Stata에서 로지스틱 회귀 분석 수행 방법이 궁금하면 다음과 같이 입력한다.

"Stata를 이용해서 로지스틱 회귀 분석을 어떻게 수행할 수 있는지 설명해 줘."

만약 로지스틱 회귀 분석을 수행하는 데 필요한 R 코드가 궁금하면 다음과 같이 입력한다.

"로지스틱 회귀 분석을 수행하는 데 필요한 R 코드를 보여 줘."

챗GPT에 적절한 분석 방법 물어보기

특정한 상황에서 어떠한 분석 방법을 사용하는 것이 적절한지 모를 때도 챗GPT에 물어볼 수 있다. 예를 들어, 두 범주형 변수 간의 관계가 관련이 있는지 혹은 관련이 없는지를 파악하기 위해 적절하게 사용될 수 있는 분석 방법에 대해서 다음과 같이 물어볼 수 있다.

"두 범주형 변수 간의 관계가 관련이 있는지를 파악하고 싶어. 이때 사용될 수 있는 통계 분석 방법을 알려 줘."

특정 분석 방법에 대해 물어보기

특정 통계 분석 방법이나 기계 학습 알고리즘에 대해서 잘 모를 때 챗GPT에 작동 원리나 수학적인 내용에 대한 설명을 요청할 수 있다. 예를 들어 카이제곱 독립성 검정 방법이 궁금하면 "카이제곱 독립성 검정 방법에 대해서 설명해 줘"와 같이 입력할 수 있다.

결과 해석

챗GPT를 이용해서 분석을 수행한 후 도출된 결과가 무엇을 의미하는지에 대해서도 챗GPT에 물어볼 수 있다. 예를 들어, 로지스틱 회귀 분석을 수행한 후 어떠한 결과가 도출되었을 때 "위의 결과가 의미하는 것이 무엇이야?"와 같은 질문을 통해 결과를 해석하는 데 도움을 받을 수 있다.

참고문헌

Llaudet, E. & Imai, K.(2022). *Data analysis for social science: A friendly and practical introduction.* Princeton University Press.

Mukhiya, S. K. & Ahmed, U.(2020). *Hands-On Exploratory Data Analysis with Python: Perform EDA techniques to understand, summarize, and investigate your data.* Packt

Publishing Ltd.

scikit-learn. https://scikit-learn.org/

10
사회과학 연구에서 AI 사용 주의 사항

지금까지 인공지능을 사용해서 사회과학 연구를 어떻게 수행할 수 있는지 살펴보았다. 인공지능을 이용한 사회과학 연구 방법은 크게 딥러닝 알고리즘을 이용한 비정형 데이터 분석과 챗GPT와 같은 거대 언어 모형 기반의 서비스를 이용하는 것으로 구분된다. 이러한 인공지능을 이용한 사회과학 연구 수행이 갖는 여러 장점이 있지만, 사용 시 주의해야 하는 사항들도 존재한다. 본 장에서는 인공지능을 이용해서 연구를 수행할 때 주의해야 하는 점에 대해 살펴본다.

종교와 AI?

딥러닝 알고리즘을 이용한 비정형 데이터 분석 시 주의 사항

딥러닝 알고리즘은 사회과학 연구에서 주로 특정 변수를 측정하기 위한 목적으로 사용된다. 예를 들어, '사용자의 사회 비교 성향에 따라서 인스타그램에 올리는 사진에 포함된 인물의 표정이 다른가?'라는 연구 문제가 있다고 가정하자. 위 연구 문제에 존재하는 변수는 두 개로, 하나는 사용자의 사회 비교 성향이고, 다른 하나는 인스타그램에 올리는 사진에 포함된 인물의 표정이 된다. 사용자의 사회 비교 성향은 서베이 등의 전통적인 방법을 이용해서 측정할 수 있고, 사진에 포함된 인물의 표정은 딥러닝 알고리즘을 이용해서 측정할 수 있다. 딥러닝 알고리즘을 이용해서 이러한 변수를 측정하는 때에는 딥러닝 알고리즘을 이용한 측정이 얼마나 정확한지를 검증(validation)하는 것이 필요하다.

지도 학습 방식으로 학습을 해서 측정을 하는 때에는 평가 데이터에 대한 모형의 성능을 리포트하여 딥러닝 알고리즘을 이용한 측정이 얼마나 정확한지 보고하게 되는데 이것만으로는 충분하지 않을 수 있다. 그 주된 이유는, 일반적으로 평가 데이터의 특성은 학습 데이터의 특성과 유사하여 평가 데이터에 대한 모형의 성능은 좋게 나올 수 있기 때문이다. 하지만 실제 분석에서 사용되는 데이터의 특성이 학습 데이터나 평가 데이터와 다른 경우에는 학습을 통해 도출된 모형이 실제 데이터에 대해서 어느 정도 성능을 보일지는 확실하지 않나. 따라서 학습을 통해 도출된 모형(혹은 이미 개발되어 제공되는 딥러닝 방식)을 사용해서 변수를 측정한 때에는 해당 측정이 얼마나 정확한지를 휴먼 코더를 이용해서 직접 검증하는 것이 필요하다. 예를 들어 딥러닝 알고리즘을 이용해서 사진에 포함된 얼굴 표정을 측정한 경우, 그 결과가 사람이 직접 파악한 얼굴 표정과 얼마나 유사한지를 비교해 보는 과정이 필요한 것이다. 데이터에 존재하는 관측치의 수가 너무 많으면 무작위 표집을 통해 일부의 관측치를 선택하여 검증 과정을 수행할 수 있다.

챗GPT와 같은 생성형 AI 사용 시 주의 사항

① 정보의 정확성

챗GPT를 활용해서 연구를 수행할 때 주의해야 하는 사항 중 가장 중요한 것은 정보의 정확성과 관련된 것이다. 즉 챗GPT는 방대한 양의 데이터를 바탕으로 학습되었고 이를 토대로 어떠한 정보를 생성하지만, 대부분의 학습 데이터가 인터넷에 존재하는 데이터다. 챗GPT가 학습 시 사용한 데이터가 잘못된 경우에는 챗GPT가 생성하는 정보도 정확하지 않을 수 있다. 특히 챗GPT와 같은 생성형 AI는 환각(hallucination) 문제를 보일 수 있다. 이러한 문제를 해결하기 위해서 여러 조치를 취하기는 했지만, 그러한 문제가 완전히 해결되기는 어렵다. 따라서 챗GPT가 제시하는 정보는 틀릴 수도 있다는 생각을 항상 갖고 있어야 하며, 정보의 정확성을 확인하기 위해서 책이나 논문 또는 인터넷 등과 같은 추가 자료나 문헌을 검토하는 것이 필요하다. 혹은 챗GPT가 특정한 답변을 제시했을 때 무엇을 근거로 그러한 답변을 제시했는지 추가로 물어볼 수 있고, 관련된 문헌을 근거 자료로 제시해 달라고 요청할 수 있다.

② 정보의 최신성

챗GPT는 방대한 양의 데이터를 학습해서 정보를 생성한다. 하지만 이러한 방대한 양의 학습 데이터를 준비하기 위해서는 많은 시간이 필요하고, 준비된 방대한 양의 학습 데이터에 대해서 무수히 많은 파라미터를 갖는 언어 모형을 학습하는 데에도 많은 시간이 필요하다. 따라서 챗GPT 등의 생성형 AI 서비스는 최신 데이터나 정보를 반영하는 것이 어렵다. 실제로 챗GPT는 책 집필 기준으로 2021년도까지의 데이터를 기반으로 학습되어 있다. 따라서 챗GPT를 사용할 때는 챗GPT가 제시하는 정보가 최신 내용을 반영하고 있는지 등을 확인하는 것이 중요하다. 특히 특정 주제와 관련된 최신 연구가 반영되었는지 등을 파악하는 것이 필요하고, 만약 그렇지 않으면 구글 스칼라 등의 사이트를 이용해서 직접 검색해 보아야 한다.

③ 정보의 윤리성

챗GPT는 주로 인터넷에 존재하는 데이터를 이용해서 학습이 되었기 때문에, 특정한 그룹의 사람들에 대해 우호적 혹은 비우호적인, 때로는 편향이 존재하는 정보를 생성할 수 있다. 그리고 어떠한 문제나 이슈에 대해서 중립적인 자세나 객관적인 태도를 갖추지 못할 수도 있다. 챗GPT를 이용할 때는 이러한 한계점을 염두에 두고 다양한 시각을 고려해야 한다.

④ 특정 주제 관련된 깊이 있는 정보 제공의 한계

챗GPT는 특정한 주제 관련해서 깊이 있는 정보를 제공하지 못할 수 있다. 예를 들어 비디오 게임의 폭력성 관련된 선행 연구나 최신 연구 동향을 챗GPT에 물어보면 챗GPT는 일부의 선행 연구를 찾지 못하거나 최신 연구 동향을 제대로 반영하지 못할 수 있다. 따라서 특정 주제와 관련된 깊이 있는 문헌 조사나 선행 연구 검토를 하고자 하는 때에는 챗GPT와 더불어, 구글 스칼라 혹은 디비피아(DBpia) 등의 다른 문헌 검색 사이트를 같이 사용하거나 관련된 논문들을 연구자가 직접 검토하는 것이 병행되어야 한다.

⑤ 인용과 출처

많은 경우 챗GPT는 특정 출처를 직접적으로 인용하지 않기 때문에, 챗GPT가 제공하는 정보를 그대로 논문에 사용하는 것은 위험할 수 있다. 논문 작성에서는 명확한 출처가 필수다. 따라서 출처가 필요한 정보의 경우에는 챗GPT가 생성한 정보는 참고 자료로만 사용하고, 정확한 인용과 출처를 제공할 수 있는 다른 출처에서 해당 정보를 다시 확인해야 한다.

⑥ 챗GPT 사용 명시

일부 학술지나 학회에서는 챗GPT와 같은 생성형 AI 기술을 이용해서 논문을 작성하거나 연구를 수행하면 이를 보고하게 하고 있다. 논문 제출 전에 해당 학술지나 학회의 가이드라인을 확인하는 것이 필요하며, 연구자는 AI 기술을 투명하고 정직하게 사용해야 한다.

이상엽

연세대학교 언론홍보영상학부 부교수다. 연세대학교 컴퓨터과학과에서 학사학위를 받았고, 미시간주립대학교에서 미디어·정보 전공으로 석사와 박사학위를 받았다. 삼성전자, 과학기술정책연구원, 아시아개발은행, 국제전기통신연합(ITU) 등에서의 경력을 갖고 있다. 연세대학교 언론홍보영상학부 교수로 임용된 후 학부장, 언론홍보대학원 부원장, 사회과학대학 부학장을 역임하였고, 현재는 대학원 주임과 커뮤니케이션연구소 소장직을 맡고 있다. 주요 저서로 『파이썬 텍스트 마이닝 바이블1』(2023)과 『파이썬 텍스트 마이닝 바이블2』(2023)가 있다. 딥러닝과 통계 분석 방법을 이용한 다수의 논문을 SSCI와 KCI에 게재했다.